예수님의 비유

|인도자 지침서|

필로는 사랑 주는 책, 사랑받는 책을 만듭니다.

소그룹 성경공부 교재 (인도자 지침서)

예수님의 비유

초판 1쇄 인쇄 2025년 3월 5일
초판 1쇄 발행 2025년 3월 5일

지은이 배창돈
펴낸이 고경원
펴낸곳 필로   **디자인** 필로디자인

등 록 제2013-000233호(2013년 12월 6일)
주 소 서울시 양천구 목동동로 437, 1103
전 화 (02)3489-4300 **팩스** (02)3489-4329
E-mail suvackoh@naver.com

Printed in Korea.

ISBN 979-11-88480-16-6 03230

소그룹 성경공부 교재

예수님의 비유

| 인도자 지침서 |

배창돈 지음

PHILO

소그룹 성경공부 교재
〈예수님의 비유〉를 출간하며…

예수님께서는 전하고 싶은 말씀을 종종 비유를 통해 말씀하셨습니다. 예수님의 비유를 공부하다 보면 그리스도인들에게 바른 신앙을 세워주는 기본적이지만 중요한 내용들을 이해하기 쉽도록 말씀하고 있습니다. 주제가 다양하지만 말씀의 전체적인 흐름은 일관성이 있어서 건강한 그리스도인으로 세워줍니다.

예수님의 비유는 말씀의 의미를 쉽게 깨닫게 하여 개인 뿐 아니라 교회 전체에 영향을 주고 좋은 교회가 되는데 도움이 됩니다. 소그룹에서 귀납적으로 공부할 수 있도록 구성되어 있기에 개인적으로 깨닫고 적용하기가 쉽습니다.

이 책을 통해 소그룹에 속한 믿음의 지체들이 주님의 마음을 한층 더 깊이 알고 성숙한 그리스도인으로 자라면 좋겠습니다.

이 책의 출판을 위해 섬겨주신 분들에게 감사드리며 하나님께 모든 영광을 돌려 드립니다.

배 창 돈
글로벌디사이플 교회 담임목사

1. 이 교재는 주제 중심의 교재가 아니라 성경 본문을 중심으로 한 교재입니다.

2. 귀납적 방법으로 말씀이 주시는 교훈을 통해 함께 은혜를 나누도록 구성되어 있습니다.

3. 소그룹 지도자는 귀납적인 소그룹 인도에 익숙해야 하므로 귀납적 소그룹 인도법을 배우면 도움이 될 것입니다.

4. 소그룹 인도자는 매주 교역자의 인도로 미리 예습하고 공부를 하므로 효과를 얻을 수 있습니다.

5. 소그룹 구성원들이 미리 예습을 해오면 더 좋은 결과를 얻을 수 있습니다.

6. 하나님 말씀 앞에서 자신의 문제를 깨닫고 적용할 때 하나님께서 일하시는 것을 경험하고 성장하여 하나님 나라에 좋은 일꾼이 될 것입니다.

차 례

| 인도자 지침서 |

LESSON

THE PARABLES OF JESUS

"좋은 땅에 뿌려졌다는 것은 말씀을 듣고 깨닫는 자니
결실하여 어떤 것은 백 배, 어떤 것은 육십 배,
어떤 것은 삼십 배가 되느니라 하시더라"

마 13:23

씨 뿌리는 비유
| 마음밭을 점검하라 |

농부는 정성을 다해 씨를 뿌린다. 그런데 똑같은 씨가 땅에 뿌려져도 그 결과는 다르게 나타난다. 마찬가지로 똑같은 하나님의 말씀을 들어도 결과는 다를 수 있다. 신앙의 성숙은 하나님의 말씀을 듣는 마음밭에 의해 결정이 나기 때문이다. 예수님의 씨 뿌리는 비유를 통해 각자의 마음밭을 확인해 보자.

마태복음 13:1-9

『[1] 그 날 예수께서 집에서 나가사 바닷가에 앉으시매 [2] 큰 무리가 그에게로 모여들거늘 예수께서 배에 올라가 앉으시고 온 무리는 해변에 서 있더니 [3] 예수께서 비유로 여러 가지를 그들에게 말씀하여 이르시되 씨를 뿌리는 자가 뿌리러 나가서 [4] 뿌릴새 더러는 길 가에 떨어지매 새들이 와서 먹어버렸고 [5] 더러는 흙이 얕은 돌밭에 떨어지매 흙이 깊지 아니하므로 곧 싹이 나오나 [6] 해가 돋은 후에 타서 뿌리가 없으므로 말랐고 [7] 더러는 가시떨기 위에 떨어지매 가시가 자라서 기운을 막았고 [8] 더러는 좋은 땅에 떨어지매 어떤 것은 백 배, 어떤 것은 육십 배, 어떤 것은 삼십 배의 결실을 하였느니라 [9] 귀 있는 자는 들으라 하시니라』

마태복음 13:18-23

『[18] 그런즉 씨 뿌리는 비유를 들으라 [19] 아무나 천국 말씀을 듣고 깨닫지 못할 때는 악한 자가 와서 그 마음에 뿌려진 것을 빼앗나니 이는 곧 길 가에 뿌려진 자요 [20] 돌밭에 뿌려졌다는 것은 말씀을 듣고 즉시 기쁨으로 받되 [21] 그 속에 뿌리가 없어 잠시 견디다가 말씀으로 말미암아 환난이나 박해가 일어날 때에는 곧 넘어지는 자요 [22] 가시떨기에 뿌려졌다는 것은 말씀을 들으나 세상의 염려와 재물의 유혹에 말씀이 막혀 결실하지 못하는 자요 [23] 좋은 땅에 뿌려졌다는 것은 말씀을 듣고 깨닫는 자니 결실하여 어떤 것은 백 배, 어떤 것은 육십 배, 어떤 것은 삼십 배가 되느니라 하시더라』

1. 길 가에 뿌려진 씨에 대해 살펴보자(4절).

길 가는 밭과 밭 사이의 통행로이기에 많은 사람이 밟고 다녀서 단단하게 굳어진다. 그래서 씨가 뿌리를 내릴 수 없기에 팔레스타인에 있는 300여 종류의 새가 와서 먹어버린다.

(1) 단단하게 굳어 있는 마음을 가지면 말씀을 받아들이기 어려운 이유가 무엇일까?

* 경험, 지식, 세상적인 철학이나 사상이 마음에 가득 차 있으면 모든 것을 세상적인 관점에서 판단하기에 말씀이 마음에 자리를 잡을 수 없는 것이다.

(2) 자신의 삶에서 말씀이 마음에 뿌리를 내리는데 방해가 되는 것이 무엇인지 말해 보라.

* 세상적인 사상이나 세속적인 미디어, 문화생활 등을 점검해야 한다. 이런 것들이 하나님 말씀을 경험하지 못하게 하므로 하나님께서 인생을 주관하시는 것을 경험할 수 없다.

(3) 하나님의 말씀인 성경의 능력에 대해 아는 대로 말해 보라.

* 하나님의 말씀인 성경은 영생을 주는 말씀으로 천국으로 가는 길을 깨닫게 해서 천국으로
  인도한다.

2. 돌밭에 뿌려진 씨에 대해 살펴보자.

팔레스타인 지역은 암석으로 형성된 곳이 많아서 밭을 일구었을 때 흙
의 두께가 얇은 지점이 있다. 이곳에 씨가 뿌려지면 일시적으로는 싹
이 나지만 싹이 뿌리를 내릴 수 없기에 더 이상 성장하지 못하고 해가
나면 시들고 만다. 말씀을 기쁨으로 받고 회개하는 것처럼 보이지만 말
씀을 행하지 않기에 큰 변화가 없다. 문제나 어려움이 생기면 하나님과
멀어진다.

(1) 돌밭과 같은 마음밭을 가진 사람을 예수님은 '잠시 견디다가 곧 넘어지는 자'라고
  하셨다. 이런 자는 결실이 없다. 그 이유가 무엇일까?

* 문제가 생기고 어려움이 생기면 하나님과 멀어진다. 이는 하나님의 말씀을 듣기만 하고 행
  하지 않아 말씀의 경험이 없기 때문이다. 말씀의 뿌리가 내리지 못해서 유혹과 시련이 오면
  넘어지고 만다.

(2) 자신의 문제를 살펴보고 문제점을 해결하기 위해 어떻게 할 것인지 말해 보라.

* 말씀을 듣고 행하므로 살아계신 하나님을 경험하도록 노력해야 한다.

3. 가시밭에 뿌려진 씨에 대해 살펴보자.

씨를 뿌릴 때 어떤 씨앗은 가시떨기가 있는 곳에 떨어져서 함께 자란
다. 가시떨기와 함께 자라면 어느 정도까지는 자라지만 가시떨기의 그
늘에서 영양분을 빼앗겨서 열매를 맺을 수 없게 된다.
복음을 받고 오랫동안 신앙생활은 하지만 열매가 없는 자이다. 가시떨
기가 신앙의 성장을 방해한다. 신앙에 방해되는 요소에 갇혀서 겨우 신
앙의 명맥만을 유지하는 사람이다.

(1) 가시밭에 뿌려진 씨가 결실하지 못하는 이유는 무엇인가?(22절)

 * 세상의 염려와 재물의 유혹 때문이다.
 * 세상의 염려에 빠져 살면 현재의 삶에 마음을 빼앗겨 하나님을 의지하지 않게 되고 말씀
   대로 살지 않게 된다. '염려'라는 헬라어는 '마음이 나뉜다', '분열되다' 라는 뜻이다.

〉〉 하나님께 맡겨 드려야 할 세상의 염려는 무엇이며 해결하기 위해 무엇을 해야 하는지
   말해보라.

 * 재물의 유혹은 더 많은 재물을 얻고자 하는 욕심에 빠지는 것을 말한다.
 * 재물의 욕심 때문에 하나님의 뜻을 행하지 않고 있는 것이 있으면 말해 보라.

(2) 마태복음 6장 33절이 주는 교훈을 말해 보자.

   『그런즉 너희는 먼저 그의 나라와 그의 의를 구하라 그리하면 이 모든
   것을 너희에게 더하시리라』 (마 6:33)

 * 나의 염려와 욕심을 내려놓고 하나님의 뜻에 맡겨 드리며 순종할 때, 하나님께서 모든 문제
   를 해결해 주실 뿐 아니라 필요를 채워 주신다.

4. 좋은 땅에 뿌려진 씨에 대하여 살펴보자(23절).

   좋은 땅은 식물이 자라서 열매 맺기에 좋은 조건을 갖추고 있다. 좋은
   땅은 돌과 잡초가 제거되고 충분한 수분이 있는 옥토를 말한다. 씨앗을
   받아 열매를 맺을 수 있는 상태가 바로 좋은 땅인 것이다.

(1) 좋은 땅에 뿌려졌다는 것은 하나님의 말씀을 받고 행할 수 있는 마음을 말한다.
   23절에서 예수님께서 결실하여 백 배, 육십 배, 삼십 배가 된다고 하셨다. 결실은
   미완료 시제로 결실이 계속적으로 열매를 맺는 것을 말한다. 느낀 점과 고쳐야 할
   점이 있으면 말해 보라.

* 하나님 말씀을 듣고 지켜야 열매를 맺을 수 있다. 말씀을 듣고 행하는 자가 얻게 되는 열매가 얼마나 대단한지를 알 수 있다.

(2) 신앙의 열매는 좋은 땅과 같은 마음밭을 만드는데 있다. 지금까지 하나님의 말씀을 행하므로 맺은 열매와 행하지 않으므로 열매 맺지 못해 아쉬운 점이 있으면 말해 보라(계 22:7,12).

『보라 내가 속히 오리니 이 두루마리의 예언의 말씀을 지키는 자는 복이 있으리라 하더라』 (계 22:7)

『보라 내가 속히 오리니 내가 줄 상이 내게 있어 각 사람에게 그가 행한 대로 갚아 주리라』 (계 22:12)

〉〉 각자의 느낀 점을 말해 보라.

5. 오늘 말씀을 통해 느낀 점과 결단한 것을 말하고, 성령님의 도우심을 구하며 합심해서 기도하는 시간을 가지도록 하자.

● 과   제

성구암송 – 마태복음 13:23

『좋은 땅에 뿌려졌다는 것은 말씀을 듣고 깨닫는 자니 결실하여 어떤 것은 백 배, 어떤 것은 육십 배, 어떤 것은 삼십 배가 되느니라 하시더라』

큐   티 – 마태복음 19:16-26

알곡과 가라지 비유
| 그리스도인의 열심 |

말씀의 씨앗이 사람에게 뿌려졌을 때 열매를 맺는 사람도 있고 그렇지 못한 사람도 있다. 마음의 상태에 따라 달라진다. 말씀의 열매를 맺지 못하도록 방해하는 마귀의 열심은 대단하다. 마귀는 좋은 씨가 뿌려진 곳에 가라지를 심는다. 하나님 나라의 사역을 할 때 사단의 저항에 부딪힌다는 사실을 알아야 한다. 알곡과 가라지 비유를 통해 우리에게 주시는 교훈을 살펴보자.

마태복음 13:24-30

『[24] 예수께서 그들 앞에 또 비유를 들어 이르시되 천국은 좋은 씨를 제 밭에 뿌린 사람과 같으니 [25] 사람들이 잘 때에 그 원수가 와서 곡식 가운데 가라지를 덧뿌리고 갔더니 [26] 싹이 나고 결실할 때에 가라지도 보이거늘 [27] 집 주인의 종들이 와서 말하되 주여 밭에 좋은 씨를 뿌리지 아니하였나이까 그런데 가라지가 어디서 생겼나이까 [28] 주인이 이르되 원수가 이렇게 하였구나 종들이 말하되 그러면 우리가 가서 이것을 뽑기를 원하시나이까 [29] 주인이 이르되 가만 두라 가라지를 뽑다가 곡식까지 뽑을까 염려하노라 [30] 둘 다 추수 때까지 함께 자라게 두라 추수 때에 내가 추수꾼들에게 말하기를 가라지는 먼저 거두어 불사르게 단으로 묶고 곡식은 모아 내 곳간에 넣으라 하리라』

마태복음 13:36-43

『[36] 이에 예수께서 무리를 떠나사 집에 들어가시니 제자들이 나아와 이르되 밭의 가라지의 비유를 우리에게 설명하여 주소서 [37] 대답하여 이르시되 좋은 씨를 뿌리는 이는 인자요 [38] 밭은 세상이요 좋은 씨는 천국의 아들들이요 가라지는 악한 자의 아들들이요 [39] 가라지를 뿌린 원수는 마귀요 추수 때는 세상 끝이요 추수꾼은 천사들이니 [40] 그런즉 가라지를 거두어 불에 사르는 것 같이 세상 끝에도 그러하리라 [41] 인자가 그 천사들을 보내리니 그들이 그 나라에서 모든 넘어지게 하는 것과 또 불법을 행하는 자들을 거두어 내어 [42] 풀무 불에 던져 넣으리니 거기서 울며 이를 갈게 되리라 [43] 그 때에 의인들은 자기 아버지 나라에서 해와 같이 빛나리라 귀 있는 자는 들으라』

1. 본문의 내용을 자신의 말로 쉽게 정리하라.

_____

_____

_____

_____

_____

_____

_____

2. 좋은 씨를 뿌리는 이는 누구인가?(37절)

 * 씨 뿌리는 분은 예수님이시다. 여기서 인자는 예수 그리스도를 말한다.

3. 농부의 수고에 대해 각자가 생각하고 있는 바를 말해 보자.

 * 농부는 어떻게 하면 좋은 열매를 많이 맺을 수 있을지를 생각하며 노력할 것이다.
 * 뿌린 씨를 수시로 돌보며 열매를 맺을 때까지 한순간도 긴장을 풀지 않는다.

4. 농부 같은 예수님의 열심을 본받아 교회도 복음의 씨와 말씀의 씨를 뿌
   리므로 천국 복음을 전하는 사역을 열심히 감당해야 한다. 예수님께서
   이 땅에 오셔서 하신 사역이 바로 사람의 마음에 천국을 심는 것이었다.
   그 열매가 바로 우리 자신임을 알아야 한다. 농부이신 예수님의 열심을
   보며 느낀 점을 말해 보라.

〉〉 천국 복음을 전하며 하나님께서 베풀어 주신 은혜와 하나님의 역사하심을 경험한 일이
   있으면 3분 이내로 말해 보라.

5. 지금 당신은 천국 복음을 전하고자 하는 열심이 어느 정도인지 돌아보
   고 디모데후서 4장 2절을 통해 느낀 점을 말해 보라.

   『너는 말씀을 전파하라 때를 얻든지 못 얻든지 항상 힘쓰라 범사에 오래
     참음과 가르침으로 경책하며 경계하며 권하라』(딤후 4:2)

 * 어떤 경우라도 기회를 놓치지 말고 인내하며 항상 천국 복음을 전해야 한다.
 * 말씀을 전하는 일에는 어떤 핑계도 있을 수 없다. 때를 얻든지 못 얻든지 최선을 다해야 한다.

6. 가라지를 심는 자는 누구인가?(39절)

 * 예수님의 사역을 방해하는 원수는 마귀이다.
 * 마귀는 좋은 씨가 뿌려진 곳에 가라지를 심는다. 마귀의 궁극적인 목적은 하나님의 자녀가
   되지 못하게 하는 데 있다.

7. 처음에는 그 씨가 좋은 씨인지 가라지인지 알 수가 없다. 그래서 마귀는
   가라지를 뿌림으로 열매를 맺지 못하도록 한다. 이는 마귀의 어떤 특징
   을 나타내는 것인가?(고후 11:14)

   『이것은 이상한 일이 아니니라 사탄도 자기를 광명의 천사로 가장하나
   니』(고후 11:14)

 * 마귀는 창조할 수는 없지만 모방의 명수이기에 천사의 탈을 쓰고 천사처럼 가장하여 예수님
   께서 씨를 뿌리는 곳에 따라다니며 가라지를 뿌린다. 가라지는 싹이 나고 열매를 맺을 때까
   지는 알 수가 없다.

〉〉 하나님의 사역을 마귀가 적극적으로 교묘하게 방해하고 있다는 사실 앞에서 무엇을
   느끼나?

 * 하나님의 사역을 위해 합심해서 깨어 기도해야 한다. 하나님의 뜻인 복음 전파는 주님께서
   함께 하시기에 많은 마귀의 방해에도 열매가 있음을 확신해야 한다.

8. 가라지를 추수 때까지 가만두어야 하는 이유는 무엇인가?(28-30절)

 * 가라지를 뽑다가 알곡까지 뽑을 위험이 있기 때문이다. 가라지는 뿌리를 깊게 자리를 잡고
   번식한다.
 * 예수님께서는 알곡 때문에 가라지를 뽑는 것을 잠시 미루셨다. 이는 알곡에 대한 사랑과 세
   심한 배려이다.

* 추수 때에 그 결과가 드러나기 때문이다. 추수 때란 세상 끝을 말한다. 악은 영원히 존재하지 않는다. 악에 대한 심판의 때가 있다. 성도들은 이 사실을 깨닫고 기다려야 한다.

9. 알곡과 가라지의 결과를 말하고 느낀 점을 말해 보라(41-43절).

* 가라지(불법을 행하는 자)에 대한 무서운 심판과 함께 알곡(의인)에 대한 영광이 있음을 말씀하고 있다.
* 가라지의 최후는 영원히 꺼지지 않는 풀무불에서 심판을 받게 된다. 지옥은 실제로 존재하는 곳이다. 꺼지지 않는 풀무불에서 울며 이를 갊이 있다고 분명하게 말씀하고 있다.

〉〉 불법을 행하는 자(가라지)의 최후심판과 알곡(의인)에 대한 영광을 보며 앞으로 어떤 자세를 가져야 할지 말해 보라.

10. 오늘 말씀이 주는 교훈을 통해 느낀 점과 결단한 것을 말하라.
   (참고/벧전 5:8, 마 26:40-41)

* 그리스도인은 열심히 좋은 씨를 뿌려 알곡이 가득하도록 해야 한다. 알곡이 없으면 가라지가 온 세상을 뒤덮을 것이기 때문이다.
* 가라지가 교회를 주장한다면 그 교회는 마귀의 뜻대로 움직일 것이다. 열심히 복음의 씨, 말씀의 씨를 뿌려야 한다.
* 25절을 보면 마귀는 사람들이 잘 때 가라지를 뿌린다. 영적으로 잠들어 있을 때 마귀는 마음의 밭에 가라지를 뿌린다. 깨어 있지 않으면 가라지로 마음밭을 채우게 될 것이다.

● 과 제

성구암송 – 베드로전서 5:8

『근신하라 깨어라 너희 대적 마귀가 우는 사자 같이 두루 다니며 삼킬 자를 찾나니』

큐   티 – 마태복음 26:36-46

03

겨자씨 한 알 비유

| 신앙의 비전 |

겨자씨는 가장 작은 것이지만 땅에 심으면 3.5-4m 정도의 큰 나무가 되어 새들이 둥지를 틀게 된다. 하나님의 나라도 지극히 작은 것에서 시작되지만 그 결과는 예측할 수 없다. 한 사람의 믿음은 가족과 이웃 그리고 세상에 엄청난 영향력을 끼치게 된다. 겨자씨 비유를 통해 주시는 교훈을 살펴보도록 하자.

마태복음 13:31-32

『[31] 또 비유를 들어 이르시되 천국은 마치 사람이 자기 밭에 갖다 심은 겨자씨 한 알 같으니 [32] 이는 모든 씨보다 작은 것이로되 자란 후에는 풀보다 커서 나무가 되매 공중의 새들이 와서 그 가지에 깃들이느니라』

1. 겨자씨에 대해 아는 대로 말해 보라.

* 겨자씨(시나피) - 겨자는 배추과의 일년생 또는 이년생 풀로서 씨가 많고 향기롭기 때문에 양념과 약재로 사용되며, 잎과 줄기는 식용으로 이용된다. 겨자씨는 씨앗들 중에 가장 작지만(32절) 대단한 성장력을 가지고 있다. 팔레스타인 지방에서는 약 3~4m 가량 자라 마치 나무처럼 무성하게 되기도 한다. 유대인들은 정원수로 심기도 했다고 한다.

2. 겨자씨를 통해 우리에게 주시는 교훈을 발견해 보자.

(1) 신앙생활을 하면서 조급해 하는 부분이 있다면 무엇인가?

* 하나님은 때가 되면 열매를 맺게 하신다. 내 수단과 방법에 따라 조급하게 일을 처리하면 좋은 결과를 기대할 수 없다.

>> 맡은 일을 위해 최선을 다하고 있는가?

(2) 남보다 빨리 인정받고 싶은 욕심은 어떤 결과를 가져올까?

* 겨자씨가 성장하는 데는 시간이 걸린다. 빨리 이루고 싶은 욕심은 마귀에게 틈을 주어 이용당할 위험이 있음을 알아야 한다.
* 겨자씨는 은밀하게 자란다. 사람의 눈에 드러나지 않게 점차적으로 성장해 나간다. 천국도 이처럼 끊임없이 은밀하게 확장되어 간다. 지금 말씀에 따라 성실하게 살아간다면 어느 날 그 결과를 보며 놀라워 할 것이다. .

(3) 영적인 성숙을 위해 회개해야 할 문제, 즉시 순종해야 할 문제를 성경을 통해 살펴보자.

① **마태복음 10:42**

『또 누구든지 제자의 이름으로 이 작은 자 중 하나에게 냉수 한 그릇이

라도 주는 자는 내가 진실로 너희에게 이르노니 그 사람이 결단코 상을
잃지 아니하리라 하시니라』

* 하나님의 뜻이면 작은 일부터 순종해야 한다. 그 작은 일에도 하나님의 상이 있기 때문이다.
* 하나님 앞에서의 꾸준함과 성실함으로 겨자씨 같은 열매를 보게 된다.

② 마태복음 18:6

『누구든지 나를 믿는 이 작은 자 중 하나를 실족하게 하면 차라리 연자
맷돌이 그 목에 달려서 깊은 바다에 빠뜨려지는 것이 나으니라』

* 영혼에 대한 세심한 관심의 중요성을 깨닫게 한다. 영혼에 대한 관심과 사랑을 가진 자는 영
혼을 구원하는 일에 열정을 다하고 영혼을 실족시키는 일을 하지 않기 위해 세심한 주의를
기울인다.

3. 겨자씨가 자란 후에는 새들이 와서 둥지를 튼다. 이처럼 신앙은 자신
뿐 아니라 주위에까지 좋은 영향을 끼치는 것이다. 당신은 가족과 이
웃에게 어떤 영향을 끼치고 있는지 말해 보라.

(1) 과거에 끼친 영향

(2) 예수 믿은 후에 끼친 영향

4. 예수님의 시작은 참으로 미약하게 보였지만, 모든 민족을 제자 삼으라
는 예수님의 명령에 순종한 믿음의 사람들로 인해 온 인류를 구원하
시려는 하나님의 구원계획을 성취해가게 되었다. 겨자씨 같은 믿음을
가지기 위해 필요한 자세를 마태복음 17장 20절을 통해 말해보라.

『이르시되 너희 믿음이 작은 까닭이니라 진실로 너희에게 이르노니 만일 너희에게 믿음이 겨자씨 한 알 만큼만 있어도 이 산을 명하여 여기서 저기로 옮겨지라 하면 옮겨질 것이요 또 너희가 못할 것이 없으리라』

* 예수님이 사람들을 보며 비전과 꿈을 품으셨듯이, 우리도 믿음으로 행하면 겨자씨 같은 결과를 볼 수 있음을 믿어야 한다.

5. 오늘 말씀을 통해 느낀 점과 결단한 것을 말하고 신앙의 비전을 가지고 기도하자.

● **과 제**

성구암송 – 욥기8:7

『네 시작은 미약하였으나 네 나중은 심히 창대하리라』

큐   티 – 마태복음 17:14-20

누룩 비유
| 그리스도인의 영향력 |

누룩은 영향력이 있다. 다른 것을 변화시킨다. 그리스도인들 가운데 자신은 변화되어도 다른 사람을 변화시키지는 못하는 경우가 많다. 천국을 소유한 그리스도인은 좋은 영향력을 발휘하여 자신뿐 아니라 다른 사람까지도 변화시켜야 한다. 예수님은 복음의 영향력으로 나 자신 뿐아니라 이웃과 민족까지 변화시키기를 원하시기 때문이다.

마태복음 13:33

『또 비유로 말씀하시되 천국은 마치 여자가 가루 서 말 속에 갖다 넣어 전부 부풀게 한 누룩과 같으니라』

1. 가루 서 말은 어느 정도의 양인가?

 * 가루 서 말은 여인이 하루에 빵을 구울 수 있는 최대한의 양을 의미한다. 가족 9-10명의 하루
   세 끼 분량의 음식이었을 것으로 볼 수 있다.

2. 누룩 비유는 한 사람의 크리스천이 세상 속에서 어떤 영향력을 끼쳐
   야 하는가를 보여주는 말씀이다. 지금 당신은 어떤 영향력을 끼치고
   있는가? 자신 있게 말할 수 있는 것은 무엇인가? 아래의 내용을 진지
   하게 기록해 보라.

(1) 가정 (자녀나 남편, 아내에게 물어보고 기록하는 것도 좋은 방법이 될 것이다.)

   ① 가정에서 끼치는 긍정적인 영향력 :

   ② 가정에서 변화가 필요한 것 :

(2) 교회

   ① 교회에서 끼치는 긍정적인 영향력 :

   ② 교회에서 변화가 필요한 것 :

(3) 직장이나 이웃

   ① 직장에서 끼치는 긍정적인 영향력 :

② 직장에서 변화가 필요한 것 :

* 누룩이 혼자 따로 있을 때는 아무런 힘이 없다. 밀가루와 반죽이 되어야 힘이 있다. 그리스도인이 세상 속에서 그 힘을 발휘할 수 없다면 무기력한 그리스도인이라 할 수 있다. 그리스도인은 불신자와 만났을 때 그 영향력이 나타나야 한다.

3. 당신은 무엇에 의해 변화되었는가? 아래 성경을 보며 느낀 점을 말해 보라.

① 로마서 1:16

『내가 복음을 부끄러워하지 아니하노니 이 복음은 모든 믿는 자에게 구원을 주시는 하나님의 능력이 됨이라 먼저는 유대인에게요 그리고 헬라인에게로다』

* 누룩의 힘은 번식하는 힘이요 변화시키는 힘이다. 내가 속한 공동체를 변화시키는 힘은 다른 힘이 아니라 말씀의 힘이요, 복음의 힘이다. 우리도 말씀과 복음으로 변화되었다. 우리가 이런 능력을 안다면 다른 사람을 변화시킬 수 있다. 나의 힘이 아닌 복음의 힘이다.

〉〉 복음을 통한 변화의 능력을 확신하는가? 복음으로 변화를 경험한 것이 있으면 구체적으로 말해보라.

② 에베소서 1:23

『교회는 그의 몸이니 만물 안에서 만물을 충만하게 하시는 이의 충만함이니라』

* 만물을 완성하시는 하나님의 계획이 교회를 통해 이루어진다. 교회는 예수님의 몸으로 모든 것을 충만하게 한다.

〉〉 교회를 통해 받은 은혜와 변화된 것이 있으면 말해 보라.

〉〉 교회를 통해 은혜 받은 자로서 이웃을 향해 어떻게 살기를 원하는가?

4. 주님은 그리스도인에게 어떤 역할을 기대하실까? 아래 성경을 통해
   느낀 점을 말해 보라.

   ① 마태복음 5:13

   『너희는 세상의 소금이니 소금이 만일 그 맛을 잃으면 무엇으로 짜게 하
   리요 후에는 아무 쓸 데 없어 다만 밖에 버려져 사람에게 밟힐 뿐이니라』

   * 소금은 인내, 순결, 부패 방지, 희생의 의미를 지닌다. 사실 소금처럼 유용한 것을 찾아보기
   힘들다.

   〉〉 소금의 용도에 대해 말해 보라.

   - 음식을 보존하기 위하여 사용된다.
   - 고기나 생선에 약간만 뿌려 두어도 부패의 속도가 상당히 느려진다(방부제).

   * 오늘날에도 이스라엘에서는 맛을 잃은 소금을 평평한 지붕의 흙 위에 뿌려서 흙을 단단하게
   하여 새는 구멍을 막는 역할을 한다. 그리고 지붕 위는 공공집회의 장소로도 사용되기에 소
   금은 사람들에게 밟히게 된다.

   ② 마태복음 5:14-16

   『[14] 너희는 세상의 빛이라 산 위에 있는 동네가 숨겨지지 못할 것이요
   [15] 사람이 등불을 켜서 말 아래에 두지 아니하고 등경 위에 두나니 이
   러므로 집 안 모든 사람에게 비치느니라 [16] 이같이 너희 빛이 사람 앞
   에 비치게 하여 그들로 너희 착한 행실을 보고 하늘에 계신 너희 아버지
   께 영광을 돌리게 하라』

* 빛은 어두움을 나타내는 죄악과 대조되는 순수함, 거짓이나 무지와 대조되는 진리를 상징하고 있다.
* 성도는 그리스도의 참 빛을 세상에 비추는 순결한 반사체가 되어야 한다.

5. 오늘 말씀을 통해 느낀 점을 말해 보라.

* 누룩의 거룩한 영향력은 미래에 대한 비전을 가지게 한다. 우리는 말씀을 보며 미래를 미리 보게 된다. 그리스도를 통해 이미 결과를 알고 있다. 그러므로 그리스도인은 확실한 미래를 기대하며 살아갈 수 있다. 누룩을 통한 결과를 미리 알듯이 예수님을 믿으면 우리가 어떻게 될 것을 미리 알 수 있는 것이다. 누룩의 결과가 희망인 것처럼 그리스도인도 희망적인 결과를 확신해야 한다. 이미 결과를 알고 달리기에 오늘의 문제로 인해 좌절하거나 흔들려서는 안 된다.

● **과   제**

성구암송 – 마태복음 5:13

『너희는 세상의 소금이니 소금이 만일 그 맛을 잃으면 무엇으로 짜게 하리요 후에는 아무 쓸 데 없어 다만 밖에 버려져 사람에게 밟힐 뿐이니라』

큐   티 – 마태복음 5:1-12

"너희는 다시 무서워하는 종의 영을 받지 아니하고
양자의 영을 받았으므로 우리가 아빠 아버지라고 부르짖느니라"

롬 8:15

감추인 보화 비유
|천국을 발견한 자의 기쁨|

2,000여 년 전에는 밭에서 일하던 사람이 보물을 찾으면 그 보물을 가질 수가 있었지만, 자신의 밭이 아닐 경우에는 주인과 반씩 나눌 수밖에 없었다고 한다. 본문은 밭에서 보물을 발견한 사람이 자신이 발견한 보물을 다시 숨겨놓고 자기 소유를 다 팔아 그 밭을 산다는 내용이다. 예수님을 믿고 천국을 소유하였다면 천국의 가치를 어떻게 인식하고 있는지 말씀을 통해 깨닫는 시간이 되도록 하자.

마태복음 13:44

『천국은 마치 밭에 감추인 보화와 같으니 사람이 이를 발견한 후 숨겨두고 기뻐하며 돌아가서 자기의 소유를 다 팔아 그 밭을 사느니라』

1. 보화가 밭에 숨겨져 있었던 이유가 무엇일까? 그 당시 배경에 대해 아는 대로 말해 보라.

* 요즘은 은행이나 금고에 돈이나 귀중품을 맡길 수 있다. 그러나 예수님 당시의 이스라엘 사람들은 보물을 항아리에 넣어서 땅속에 묻어두었다. 간혹 욕심이 많은 자는 아내나 자식도 모르게 땅속 깊이 숨겨두었다가 불의의 사고로 죽게 되면 그 보물은 땅속에 영원히 묻히고 말았다고 한다.
* 보화를 땅에 묻는 이유는 엄청난 가치 때문이다.

2. 밭에서 보화를 발견하면 발견자의 입장에서는 우연히 얻은 횡재라고 볼 수 있다. 당신은 천국에 관한 사실을 어떻게 알게 되었는가?

〉〉 처음 교회에 나올 때 천국에 대한 어떤 기대감을 가지고 나왔는가, 아니면 기대감 없이 나왔는가?

* 농부는 보물을 찾기 위해 노력한 것이 아니다. 우연한 기회에 발견하는 기쁨을 누린 것이다. 이처럼 대부분의 사람은 천국 복음이라는 보화를 우연히 접하는 경우가 많다.

〉〉 각자의 경우를 말해 보라.

3. 보화를 발견한 자의 반응은? 그리고 당신은 복음을 처음 접하고 어떤 반응을 보였는가?

* 보화를 발견한 사람은 그것을 다시 묻어두고 기뻐하며 돌아가서 있는 것을 다 팔아 그 밭을 샀다.

〉〉 보화가 얼마나 중요한가를 깊이 인식하고 있다. 당신은 천국의 중요성을 언제 깨닫게 되었는가?

4. 하나님은 우리에게 천국을 주시기 위해서 어떤 준비를 하셨는가? 에
   베소서 1장 4-6절을 통해 함께 생각해 보자.

『[4] 곧 창세 전에 그리스도 안에서 우리를 택하사 우리로 사랑 안에서
그 앞에 거룩하고 흠이 없게 하시려고 [5] 그 기쁘신 뜻대로 우리를 예정
하사 예수 그리스도로 말미암아 자기의 아들들이 되게 하셨으니 [6] 이
는 그가 사랑하시는 자 안에서 우리에게 거저 주시는 바 그의 은혜의 영
광을 찬송하게 하려는 것이라』(엡 1:4-6)

(1) 언제 준비하셨는가? (4절)

* '창세 전'이라는 말은 하나님의 선택하심이 영원 전에 이루어졌음을 의미한다. 하나님의 선택
  이 인간의 공로에 의한 것이 아니라 하나님의 절대적인 은혜에 의한 것임을 나타내고 있다.

(2) 어떻게 택하셨으며 택하신 목적은 무엇인가?(4절)

* 하나님은 예수님을 우리 죄를 대신하여 십자가에 못박으심으로 우리를 향한 사랑을 보여주
  셨다. 그 사랑으로 그리스도와 함께 살게 해 주시려고 창세 전에 우리를 선택하시고 우리를
  거룩하고 흠없는 자가 되게 하셔서 하나님 앞에 설 수 있게 해 주셨다.
* 우리는 하나님의 일방적인 사랑으로 하나님 앞에 설 수 있는 자가 되었기에 항상 하나님의
  크신 은혜를 기억하며, 선택받은 자라는 자부심을 가지고 살아야 한다.

(3) 천국의 보화를 하나님은 어떤 마음으로 준비하셨을까?(5절)

* 그의 기쁘신 뜻대로 준비하셨다.
* 하나님은 우리에게 천국을 주기를 기뻐하신다. 한 사람이 천국을 소유할 때 하나님은 너무나
  기뻐하신다는 사실을 기억하자. 하나님은 가장 귀한 보화인 천국을 기쁨으로 주셨다.

〉〉 가장 귀한 보화인 천국을 주신 하나님을 어떤 자세로 섬기고 있는가?*우리는 하나님의
일방적인 사랑으로 하나님 앞에 설 수 있는 자가 되었기에 항상 하나님의 크신 은혜를 기억
하며, 선택받은 자라는 자부심을 가지고 살아야 한다.

(4) 택함 받은 자의 신분에 대해 로마서 8장 15절을 통해 살펴보자.

『너희는 다시 무서워하는 종의 영을 받지 아니하고 양자의 영을 받았으므로 우리가 아빠 아버지라고 부르짖느니라』

* '양자'의 헬라어 '휘오데시안'은 법적인 용어로, '입양되었다' 는 뜻이다.
* 하나님의 가족이 되었다는 것이다.

(5) 자신이 택함 받았다는 사실에 대해 어떤 느낌을 가지고 있나? 각자의 느낌을 솔직하게 말하라.

5. 보화를 발견한 자에게 특별한 자격이 있었던 것은 아니다. 아무런 자격이 없음에도 불구하고 어느 날 보화를 발견하고 천국을 소유하게 된 것이다. 엡 2:8-9절을 통해 살펴보자.

『[8] 너희는 그 은혜에 의하여 믿음으로 말미암아 구원을 받았으니 이것은 너희에게서 난 것이 아니요 하나님의 선물이라 [9] 행위에서 난 것이 아니니 이는 누구든지 자랑하지 못하게 함이라』

>> 무자격자인 나에게 천국 선물을 안겨주신데 대해 어떻게 생각하는가?

* 구원받은 자(천국 보화를 얻은 자)는 베풀어 주신 은혜를 항상 기억하며 자랑하지 말고 겸손해야 함을 말씀하고 있다.

6. 밭을 산 사람은 어떤 감격을 가졌을까?

* 밭을 산 사람은 부러울 것이 없게 되었다. 최고의 가치를 소유했기 때문이다. 비록 밭을 사기 위해 빚을 졌다고 해도 그 빚 정도는 문제가 되지 않았다. 천국을 소유한 사람은 부자이다. 모든 것을 가진 자이기 때문이다(빌 3:7-9).

『[7] 그러나 무엇이든지 내게 유익하던 것을 내가 그리스도를 위하여 다 해로 여길뿐더러 [8] 또한 모든 것을 해로 여김은 내 주 그리스도 예수를 아는 지식이 가장 고상하기 때문이라 내가 그를 위하여 모든 것을 잃어버리고 배설물로 여김은 그리스도를 얻고 [9] 그 안에서 발견되려 함이니 내가 가진 의는 율법에서 난 것이 아니요 오직 그리스도를 믿음으로 말미암은 것이니 곧 믿음으로 하나님께로부터 난 의라』(빌 3:7-9)

7. 아래 성경을 통해 천국을 소유한 자는 어떤 모습이어야 하는지 살펴보자.

① **고린도후서 6:10**

『근심하는 자 같으나 항상 기뻐하고 가난한 자 같으나 많은 사람을 부요하게 하고 아무 것도 없는 자 같으나 모든 것을 가진 자로다』

* 천국을 소유한 자는 자신의 삶에 대해 만족하고 다른 사람을 부요하게 하는 자가 되어야 한다.

〉〉 다른 사람을 부요하게 하기 위해 어떤 삶을 살아야 할까?

* 한 영혼이라도 더 구원하고자 하는 마음으로 살면 다른 사람을 부요하게 한다.

② **데살로니가전서 5:16-18**

『[16] 항상 기뻐하라 [17] 쉬지 말고 기도하라 [18] 범사에 감사하라 이
것이 그리스도 예수 안에서 너희를 향하신 하나님의 뜻이니라』

* 천국을 소유한 자의 삶은 항상 기쁨과 감사로 충만해야 한다. 하나님 아버지와 쉬지 않고 교
제해야 한다. 이 세상에 살지만 천국에서의 삶을 미리 맛보고 사는 것이다.

〉〉 자신의 삶에서 고칠 점이 있으면 말해 보라.

8. 오늘 공부를 통해 결단한 것이 있으면 말해 보라.

● 과   제

성구암송 – 로마서 8:15

『너희는 다시 무서워하는 종의 영을 받지 아니하고 양자의 영을 받았으므로 우리가
아빠 아버지라고 부르짖느니라』

큐   티 – 에베소서 1:3-6

값진 진주 비유
| 천국의 가치 |

어떤 진주 장수가 값진 진주를 사기 위해 헤매고 다녔다. 그의 목표는 오직 최고의 진주였다. 드디어 세상에서 최고로 값진 진주를 발견했을 때 자신의 재산을 다 팔아 그 값진 진주를 샀다. '감추인 보화 비유'에서는 보화를 전혀 예상하지 못한 곳에서 발견한 것이라면, '값진 진주 비유'는 진주를 발견하기 위해 이곳저곳 돌아다니다가 발견한 것이다. 본문 역시 천국에 대한 비유이다. 말씀이 주는 교훈을 살펴보자.

마태복음 13:45-46

『[45] 또 천국은 마치 좋은 진주를 구하는 장사와 같으니 [46] 극히 값진 진주 하나를 발견하매 가서 자기의 소유를 다 팔아 그 진주를 사느니라』

1. 진주의 가치에 대해 아는 대로 말해 보라.

* 요즘은 양식한 인공 진주도 있지만, 옛날의 진주는 모두 천연 진주였다.
* 다이아몬드가 연마되기 전인 15세기까지는 진주를 가장 귀한 보석으로 여겼다.
* 천연 진주는 산 조개에 아주 드물게 생겨나기에 희소성이 있었다. 천연 진주는 100% 하나
  님의 작품으로 신비스러운 원형과 영롱한 빛을 발하고 있어서 가치가 대단했다.

2. 눈에 보이는 진주의 가치는 인정하면서 천국의 가치를 모른다는 것은
   참으로 안타까운 일이 아닐 수 없다. 다음 성경을 통해 천국에 대해
   알아보자.

   ① **요한복음 14:1-3**

   『[1] 너희는 마음에 근심하지 말라 하나님을 믿으니 또 나를 믿으라 [2]
   내 아버지 집에 거할 곳이 많도다 그렇지 않으면 너희에게 일렀으리라
   내가 너희를 위하여 거처를 예비하러 가노니 [3] 가서 너희를 위하여 거
   처를 예비하면 내가 다시 와서 너희를 내게로 영접하여 나 있는 곳에 너
   희도 있게 하리라』

* 예수님께서 사역을 시작하시며 천국을 선포하셨다. 믿는 자를 위해 천국을 직접 준비하셨음
  을 알리셨다.
* 여기서 '거할 곳'이란 영원히 거할 집을 의미한다. 예수님이 예비하실 '거처'는 본래부터 있던
  아버지 집의 '거할 곳'이며, 성도들이 거처할 처소이다.

   ② **요한계시록 21:4**

   『모든 눈물을 그 눈에서 닦아 주시니 다시는 사망이 없고 애통하는 것이
   나 곡하는 것이나 아픈 것이 다시 있지 아니하리니 처음 것들이 다 지나
   갔음이러라』

* 이 세상에서의 눈물, 사망, 애통, 아픔은 죄와 사망으로 인한 고통의 산물이다. 그러므로 천국에서의 삶은 이런 처음 것들이 모두 사라지고 하나님의 위로하심과 하나님과 성도 간의 아름다운 교제가 있을 것이다(계 7:16-17).

『[16] 그들이 다시는 주리지도 아니하며 목마르지도 아니하고 해나 아무 뜨거운 기운에 상하지도 아니하리니 [17] 이는 보좌 가운데에 계신 어린 양이 그들의 목자가 되사 생명수 샘으로 인도하시고 하나님께서 그들의 눈에서 모든 눈물을 씻어 주실 것임이라』(계 7:16-17)

③ 요한계시록 21:23-25

『[23] 그 성은 해나 달의 비침이 쓸 데 없으니 이는 하나님의 영광이 비치고 어린 양이 그 등불이 되심이라 [24] 만국이 그 빛 가운데로 다니고 땅의 왕들이 자기 영광을 가지고 그리로 들어가리라 [25] 낮에 성문들을 도무지 닫지 아니하리니 거기에는 밤이 없음이라』

* 천국은 하나님과 예수님께서 직접 자신의 광채로 비추시기 때문에 해와 달이 필요가 없다.
* 만국과 땅의 왕은 짐승과 바벨론을 대항하고 하나님과 어린양이신 그리스도께 충성하여 구속받은 자들을 가리킨다(계 1:5).

『또 충성된 증인으로 죽은 자들 가운데에서 먼저 나시고 땅의 임금들의 머리가 되신 예수 그리스도로 말미암아 은혜와 평강이 너희에게 있기를 원하노라 우리를 사랑하사 그의 피로 우리 죄에서 우리를 해방하시고』(계 1:5)

* 성문을 닫지 않는다는 것은 하나님의 임재로 인하여 완전한 안전이 보장됨을 의미한다.
* 밤이 없다는 것은 하나님께서 우리와 함께 영원히 임재하신다는 의미이다.

3. 좋은 진주를 사기 위해 자기 재산을 다 팔아 그 진주를 소유하는 모습에서 느낀 점을 말해보라.

  * 천국을 소유한 사람은 최고의 부자이다. 천국의 가치와 견줄 만한 것은 세상에 없다.

4. 마태복음 11장 12절을 통해 느낀 점을 말해 보라.

  『세례요한의 때부터 지금까지 천국은 침노를 당하나니 침노하는 자는 빼앗느니라』

  * 세례요한의 때부터 지금까지 하늘나라는 힘차게 뻗어나가고 있다. 용기 있는 자, 강렬한 집념을 지닌 자가 천국을 소유한다는 의미이다.
  * '침노하는 자'는 목적한 바를 쟁취하기 위해 결사적인 강하고 용기 있는 자를 의미한다. '빼앗느니라' 는 무엇을 얻기 위해 사력을 다해 움켜잡는 모습을 뜻한다.
  * 교회에는 나오지만 최고의 가치인 천국에는 관심이 없고 현세의 복이나 자기의 목적만을 추구하고 있다면 참으로 어리석은 자라고 할 수 있다.

5. 고린도후서 6장 2절을 통해 느낀 점을 말해 보라.

  『이르시되 내가 은혜 베풀 때에 너에게 듣고 구원의 날에 너를 도왔다 하셨으니 보라 지금은 은혜받을 만한 때요 보라 지금은 구원의 날이로다』

  * '보라 지금은 구원의 날이로다' 라는 것은 구원의 때가 가까이 왔음을 강조하고 있는 말씀이다. 주님의 재림은 생각하지 않은 때 도둑같이 임할 것이기 때문이다(눅12:40 살전 5:2).
  * 진주를 발견한 사람이 기회를 놓치지 않았듯이 구원의 기회를 놓쳐서는 안 된다.
  * 사람에게 내일은 없다. 내일을 보장해 줄 수 있는 분은 하나님 뿐이시기에 구원의 기회는 지금이다.
  * 복음을 전하는 자는 내일은 없다는 생각으로 간절한 마음으로 전해야 한다.

『그러므로 너희도 준비하고 있으라 생각하지 않은 때에 인자가 오리라 하시니라』(눅 12:40)

『주의 날이 밤에 도둑 같이 이를 줄을 너희 자신이 자세히 알기 때문이라』(살전 5:2)

6. 오늘 말씀을 통해 결단한 것을 말하고 서로를 위해 기도해 주는 시간을 가지자.

● 과 제

성구암송 – 고린도후서 6:2

『이르시되 내가 은혜 베풀 때에 너에게 듣고 구원의 날에 너를 도왔다 하셨으니 보라 지금은 은혜받을 만한 때요 보라 지금은 구원의 날이로다』

큐 티 – 디모데후서 4:1-8

그물 비유

| 천국은 어떻게 완성되는가? |

그물 비유는 천국에 대한 마지막 비유로 천국이 어떻게 완성되는가를 보여준다. 이 세상 교회에는 진정한 크리스천도 있고 거듭나지 못한 자도 있다. 지금은 잘 드러나지 않지만 마지막 심판 때에는 그것이 분명하게 드러난다. 이 세상의 교회는 불완전하지만 천국에 대한 분명한 소망을 가지고 살아간다면 우리의 시선이 다른 곳으로 흐트러지지 않을 것이다. 그물 비유를 함께 공부하도록 하자.

마태복음 13:47-50

『[47] 또 천국은 마치 바다에 치고 각종 물고기를 모는 그물과 같으니 [48] 그물에 가득하매 물 가로 끌어내고 앉아서 좋은 것은 그릇에 담고 못된 것은 내버리느니라 [49] 세상 끝에도 이러하리라 천사들이 와서 의인 중에서 악인을 갈라내어 [50] 풀무불에 던져 넣으리니 거기서 울며 이를 갈리라』

1. 마태복음 13장 47절에서 고기 잡는 어부가 그물에 고기를 모으는 모습을 통해 무엇을 연상할 수 있나?

* 고기 잡는 어부의 적극적인 모습은 영혼 구원을 위한 하나님의 열심을 생각나게 한다.
* 하나님은 자기 백성을 적극적으로 찾아서 모으신다.
* 오늘도 주님은 천국 그물을 던지고 계신다.

〉〉 이런 주님의 마음을 안다면 어떤 자세를 가져야 하겠는가?

2. 47절을 통해 교회는 여러 종류의 사람이 모이는 곳임을 알 수 있다. 이 사실을 통해 생각해 볼 수 있는 것은 무엇인가?

* 교회로 모이는 사람들은 어떤 공통분모도 없다. 빈부귀천의 차이도 많고 출신과 직업도 다양하다. 이는 누구나 구원하길 원하시는 하나님의 크신 사랑을 알 수 있다.
* 교회에서 불완전하고 나약한 사람들로 인해 인간관계에서 상처와 아픔을 맛볼 수 있고, 지체들을 위해 수고와 헌신도 해야 한다.
* 부족하고 약한 심령들을 사랑하고 용서해 주어야 할 의무가 있다.
* 구주되신 예수님을 바라보고 그분을 닮아가기 위해 노력해야 한다(히 12:2).

『믿음의 주요 또 온전하게 하시는 이인 예수를 바라보자 그는 그 앞에 있는 기쁨을 위하여 십자가를 참으사 부끄러움을 개의치 아니하시더니 하나님 보좌 우편에 앉으셨느니라』 (히 12:2)

3. 다음 성경을 통해 하나님의 사랑을 생각하는 시간을 가지자.

① 이사야 1:18
『여호와께서 말씀하시되 오라 우리가 서로 변론하자 너희의 죄가 주홍 같을지라도 눈과 같이 희어질 것이요 진홍 같이 붉을지라도 양털 같이 희게 되리라』

* 죄인을 향한 하나님의 사랑의 초청이다.

* 일반적으로 사람들은 죄인과 상종하기 싫어한다. 그러나 하나님은 오히려 죄인을 사랑하시며 적극적으로 그들의 문제를 해결해 주기를 원하신다.

* 죄인은 사형 언도를 받아야 마땅하지만 하나님은 죄인을 변화시키시며 새로운 미래를 주려고 하신다. 이러한 사실을 믿음으로 받아들이는 자에게 하나님은 자유와 새로운 삶을 아낌없이 주신다.

② 마태복음 11:28

『수고하고 무거운 짐 진 자들아 다 내게로 오라 내가 너희를 쉬게 하리라』

* 사람은 한 평생 많은 일로 인해 피곤하고 지친 상태에서 살아간다.

* 인생의 무거운 짐은 죄와 염려의 고통, 육체적 의무, 전통적으로 부과되는 짐까지도 의미한다.

* 예수님은 죄인들과 수고하고 무거운 짐을 진 모든 자들을 초대하신다.

* 예수님께 나아갈 때, 마지막 날의 영원한 안식 뿐 아니라 일상생활 속에서도 평화와 안식이 주어진다.

〉〉 이 세상에서 예수님 외에 이런 선포를 할 수 있는 자가 있었는가?

〉〉 예수님께 맡겨야 할 짐이 있다면 어떤 것인가?

4. 48절에 나오는 '물가'는 무엇을 의미하는 것일까?

* 물가를 시간과 장소적인 개념으로 볼 수 있다. 시간적인 개념은 종말에 다가오는 심판을, 장소적 개념은 그리스도의 재림으로 인한 심판의 현장이라 할 수 있다.

* 하나님은 심판 때에 의인과 악인을 구분하신다.

5. 49절을 통해 도전받는 부분이 있으면 말해 보라.

* '의인 중에서 악인을 갈라내어' 에서 '갈라내어' 라는 말은 완전한 격리를 뜻한다. 마지막 심판 날에 이루어질 의인과 악인에 대한 분리 작업의 냉엄한 장면을 예감하게 한다.
* 세상에서의 감옥 생활도 감형받기 위해 안간힘을 쓴다. 하물며 영원한 격리라니 얼마나 참담하겠는가?

〉〉 가족들 가운데 아직도 예수 믿지 않는 자는 없는지 살펴보고 그들의 영혼 구원을 위해 합심해서 기도하는 시간을 가지자.

6. 50절은 마지막 심판 때에 있을 악인들의 영원한 형벌을 경고하고 있다. 어떤 느낌을 받게 되는가?(마13:42)

『풀무불에 던져 넣으리니 거기서 울며 이를 갈게 되리라』

* 풀무불-불구덩이 또는 불 아궁이를 말한다.
* 울며 이를 갈게 되리라-가슴을 치며 통곡하리라.
* 풀무불에 던져진 채 영원히 울며 이를 가는 자의 처참한 모습을 생각해 보라.
* 예수 믿고 구원받았다는 것이 얼마나 큰 감사의 제목인지 말해 보라.

7. 오늘 우리에게 주신 말씀을 통해 깨닫고 결단한 것을 말하고 함께 기도하는 시간을 가지자.

● 과 제

성구암송 – 이사야 1:18

『여호와께서 말씀하시되 오라 우리가 서로 변론하자 너희의 죄가 주홍 같을지라도 눈과 같이 희어질 것이요 진홍 같이 붉을지라도 양털 같이 희게 되리라』

큐   티 – 마태복음 8:5-13

무자비한 종 비유

|용서의도|

예수님 당시 바리새인들은 율법으로 사람들을 평가하고 비판하였다. 율법을 지키지 않는 자들을 정죄하고 고발하는 것을 예사로 생각하였다. 예수님의 사랑과 은혜에 대한 감격이 식어지면 형제나 이웃을 비판과 정죄의 눈으로 바라보기 쉽다. 그러나 천국은 사랑과 용서의 나라이기에 그리스도인은 사랑과 용서의 삶을 살아야 한다. 본문이 주는 교훈을 살펴보자

마태복음 18:21-35

『[21] 그 때에 베드로가 나아와 이르되 주여 형제가 내게 죄를 범하면 몇 번이나 용서하여 주리이까 일곱 번까지 하오리이까 [22] 예수께서 이르시되 네게 이르노니 일곱 번뿐 아니라 일곱 번을 일흔 번까지라도 할지니라 [23] 그러므로 천국은 그 종들과 결산하려 하던 어떤 임금과 같으니 [24] 결산할 때에 만 달란트 빚진 자 하나를 데려오매 [25] 갚을 것이 없는지라 주인이 명하여 그 몸과 아내와 자식들과 모든 소유를 다 팔아 갚게 하라 하니 [26] 그 종이 엎드려 절하며 이르되 내게 참으소

서 다 갚으리이다 하거늘 [27] 그 종의 주인이 불쌍히 여겨 놓아 보내며 그 빚을 탕감하여 주었더니 [28] 그 종이 나가서 자기에게 백 데나리온 빚진 동료 한 사람을 만나 붙들어 목을 잡고 이르되 빚을 갚으라 하매 [29] 그 동료가 엎드려 간구하여 이르되 나에게 참아 주소서 갚으리이 다 하되 [30] 허락하지 아니하고 이에 가서 그가 빚을 갚도록 옥에 가두 거늘 [31] 그 동료들이 그것을 보고 몹시 딱하게 여겨 주인에게 가서 그 일을 다 알리니 [32] 이에 주인이 그를 불러다가 말하되 악한 종아 네가 빌기에 내가 네 빚을 전부 탕감하여 주었거늘 [33] 내가 너를 불쌍히 여 김과 같이 너도 네 동료를 불쌍히 여김이 마땅하지 아니하냐 하고 [34] 주인이 노하여 그 빚을 다 갚도록 그를 옥졸들에게 넘기니라 [35] 너희 가 각각 마음으로부터 형제를 용서하지 아니하면 나의 하늘 아버지께서 도 너희에게 이와 같이 하시리라』

1. 본문의 내용을 요약해 보라.

_____

_____

_____

_____

_____

_____

_____

2. 베드로가 생각한 용서의 한도는 몇 번까지였는가?(21절)

* 베드로는 일곱 번까지 용서해 줄 수 있다는 식으로 말하고 있다.
* 당시 유대인들은 범죄한 이웃에게 두 번의 기회를 줄 것을 말하고 있고, 랍비들은 이웃의 범죄는 세 번까지만 용서하고 그 이상은 금하라고 가르쳤다. 따라서 일곱 번 용서는 율법적 용서개념을 능가하는 것으로 베드로는 자신의 관대함을 자랑이라도 하듯이 말하고 있다.

3. 예수님은 몇 번까지 용서하라고 하셨나?(22절)

* 일흔 번씩 일곱 번은 490번이지만 어떤 기준이나 범위를 초월한 끝없는 용서와 사랑을 의미하는 말이다. 즉 용서는 결코 횟수에 제한받을 수 없다고 하신 것이다.

4. 예수님은 몇 번까지 용서하라고 하셨나?(24절)

(1) 일만 달란트는 어느 정도의 가치인가?

* 한 달란트는 노동자 한 사람의 일일 품삯인 한 데나리온의 약 6,000 배에 해당한다.(오늘날 하루 품삯을 10만 원으로 계산하면 1달란트는 6억 원에 해당한다. 일만 달란트이면 6조 원에 해당한다.) 당시 유대 전역에서 거둔 세금이 800 달란트라고 하니 일만 달란트의 가치가 어느 정도인지 짐작할 수 있다.

(2) 일만 달란트가 주는 의미는 무엇인가?

* 사람의 힘으로는 도저히 갚을 수 없을 정도의 큰 죄를 의미한다.

(3) 일만 달란트 빚진 자는 어떻게 탕감을 받았는가?(25-27절)

* 자신의 몸과 처와 자식과 소유를 다 팔아 갚으라고 하였지만. 빚진 자의 힘으로는 갚을 수 없는 큰 빚이었다.

* 일만 달란트의 빚은 가족 모두를 노예로 판다 해도 다 갚을 수 없었다. 그 당시의 노예의 값은 많아야 약 1달란트였고 대부분의 경우는 10분의 1달란트나 그 이하였기 때문이다.
* 임금은 빚진 자를 불쌍히 여겨 탕감해 주었다.
* 이처럼 빚(죄의 삯)을 해결할 능력이 없는 인간은 하나님의 자비를 기대할 수밖에 없다.

(4) 하나님의 자비하심은 어떻게 나타났는가?(롬 5:8)

『우리가 아직 죄인 되었을 때에 그리스도께서 우리를 위하여 죽으심으로 하나님께서 우리에 대한 자기의 사랑을 확증하셨느니라』(롬 5:8)

* 그리스도의 죽으심은 죄인인 바로 나 자신이 받아야 할 죄값이었다.
* 하나님께서는 크신 사랑을 인간에게 드러내셨으니, 독생자 예수 그리스도를 보내시고 죄인들을 위하여 십자가에서 죽게 하셨다.
* 아들을 죽이시면서까지 보여준 하나님의 사랑은 영원한 사랑이며 최고의 사랑이다.

5. 일만 달란트 탕감 받은 자의 이후 모습을 살펴보자(28-30절).

* 자신에게 백 데나리온(자신이 탕감 받은 액수의 60만분의1) 빚진 자를 만나 붙들어 목을 잡고 (원문의 표현대로 하면 목을 비틀었다.) 빚을 갚으라고 요구하며 옥에 가두었다.
* 이런 모습은 26절의 엎드려 절하면서 자비를 구하던 자세와는 완전히 다른 모습이다. 자신이 얼마나 큰 은혜를 입었는지 까맣게 잊고 있다.

6. 탕감 받은 자가 자신에게 빚진 자를 만난 것은 좋은 기회를 얻은 것이다. 어떤 기회일까?

* 용서받은 감격을 표현할 수 있는 기회를 얻은 것이다.
* 일만 달란트가 인간이 하나님을 향해 지은 죄의 정도를 상징하는 것이라면, 일백 데나리온은

인간이 그 이웃이며 동료인 인간에게 범한 죄의 정도를 상징하는 것이다. 이는 이웃에 대한 용서가 너무나 당연한 것이라는 도전을 받게 한다.

〉〉 용서해 주어야 할 사람을 보면 하나님으로부터 받은 은혜를 나누어 줄 기회라고 생각하는가?

7. 일만 달란트 탕감 받은 자에 대한 임금의 분노는 무엇을 의미하는가? 각자의 느낀 점을 말해 보라(34절).

　* 주인은 그 빚을 다 갚으라고 명령하며 감옥에서 살아나오지 못하리라는 종신형을 선언했다.
　* 십자가의 사랑을 생각하면 용서하지 못할 자가 없다는 사실을 알려주신 말씀이다.

〉〉 예수 믿은 후에도 아직 용서하지 못한 사람이 있다면 그 이유가 어디에 있다고 생각하는가?

8. 오늘 말씀을 통해 느낀 점을 말해 보라.

● **과　　제**

성구암송 – 마태복음 18:35

『너희가 각각 마음으로부터 형제를 용서하지 아니하면 나의 하늘 아버지께서도 너희에게 이와 같이 하시리라.』

큐　　티 – 마태복음 20:1-16

포도원 품꾼 비유
| 그리스도인의 봉사 |

포도원 품꾼 비유는 바른 봉사를 가르쳐 주신 비유이다. 하나님의 뜻에 맞지 않는 봉사는 하나님의 사역을 방해하는 결과를 가져오기에 자신에게 유익이 없다. 예수님은 이 땅에 섬기기 위해 오셨다. 이 시간 말씀을 통해 섬김의 도를 배우도록 하자.

마태복음 20:1-16

『[1] 천국은 마치 품꾼을 얻어 포도원에 들여보내려고 이른 아침에 나간 집 주인과 같으니 [2] 그가 하루 한 데나리온씩 품꾼들과 약속하여 포도원에 들여보내고 [3] 또 제삼시에 나가 보니 장터에 놀고 서 있는 사람들이 또 있는지라 [4] 그들에게 이르되 너희도 포도원에 들어가라 내가 너희에게 상당하게 주리라 하니 그들이 가고 [5] 제육시와 제구시에 또 나가 그와 같이 하고 [6] 제십일시에도 나가 보니 서 있는 사람들이 또 있는지라 이르되 너희는 어찌하여 종일토록 놀고 여기 서 있느냐 [7] 이르되 우리를 품꾼으로 쓰는 이가 없음이니이다 이르되 너희도 포도원에 들어가라 하니라 [8] 저물매 포도원 주인이 청지기에게 이르되 품꾼들을 불러 나중 온 자로부터 시작하여 먼저 온 자까지 삯을 주라 하니 [9] 제십일시에 온 자들이 와서 한 데나리온씩을 받거늘 [10] 먼저 온 자들이 와서 더 받을 줄 알았더니 그들도 한 데나리온씩 받은지라 [11] 받은 후 집 주인을 원망하여 이르되 [12] 나중 온 이 사람들은 한 시간밖에 일하지 아니하였거늘 그들을 종일 수고하며 더위를 견딘 우리와 같게 하였나이다 [13] 주인이 그 중의 한 사람에게 대답하여 이르되 친구여 내가 네게 잘못한 것이 없노라 네가 나와 한 데나리온의 약속을 하지 아니하였느냐 [14] 네 것이나 가지고 가라 나중 온 이 사람에게 너와 같이 주는 것이 내 뜻이니라 [15] 내 것을 가지고 내 뜻대로 할 것이 아니냐 내가 선하므로 네가 악하게 보느냐 [16] 이와 같이 나중 된 자로서 먼저 되고 먼저 된 자로서 나중 되리라』

1. 본문의 내용을 자신의 말로 쉽게 정리해 보라.

_____

_____

_____

_____

_____

2. 성경에 나오는 포도원은 천국 혹은 교회에 비유한다. 이는 팔레스타인 지방에 포도원이 많은 까닭이었을 것이다. 포도원에서 열매를 얻기 위해서는 일꾼이 있어야 하듯 교회에도 일꾼이 필요하다. 교회에서 주님께서 원하시는 일꾼이 되기 위해 어떤 노력을 하고 있는가?

〉〉 교회의 신실한 일꾼들(직분자나 성도)로부터 어떤 유익을 얻었는가? 그들을 통해 깨달은 것이 있으면 말해 보라.

3. 주인은 품꾼들을 어떻게 모집했는가?

(1) 모집 시간

* 이른 마침(아침 6시 정도), 3시(아침 9시), 6시(정오), 9시(오후 3시), 11시(오후 5시)

(2) 임금 액수

* 한 데나리온(하루 품삯)

4. 9시와 11시에도 일꾼을 모집한 주인을 보며 어떤 교훈을 얻을 수 있는가?

* 9시는 오늘날 우리 시간으로 오후 3시를 가리키고, 11시는 오후 5시를 가리킨다. 이렇게 주인은 여러 차례에 걸쳐 일꾼을 얻으려고 애썼다.
* 하나님은 어떤 일정한 시기에만 일꾼을 세우시는 것이 아니고, 계속적으로 세워서 일꾼의 충성을 보고 상을 주신다는 것이다.
* 하나님의 선택은 세상 기준과 다른 일방적인 하나님의 은혜임을 가르쳐주는 내용이다.

5. 먼저 온 자들은 품삯을 받고 나중 온 사람과 비교해서 불공정하다고 원망하고 있다. 원망한 이유를 12절에서 살펴보라.

* 늦게 온 자들에 비해 일한 시간이 많았으나 임금이 동일하게 지급되었기 때문이다.
* 본문에 나오는 '원망하여'는 지속적인 원망을 말한다. (원망이 가득했음을 의미한다)

6. 주인은 먼저 온 자들을 책망하며 그들의 원망이 부당함을 말하고 있다. 그 내용을 말해보라(13-14절).

 * 주인은 약속을 성실하게 지켰다.
 * 불러서 일꾼으로 써준 것에 대해 감사해야 한다.
 * 주인이 늦게 온 자들에게 호의를 베푸는 것은 주인의 일방적인 사랑의 결정이기에 비난의 대상이 될 수 없다.

7. 세상의 눈으로 보면 먼저 온 자들의 원망은 당연한 것처럼 보인다. 그러나 신앙의 관점에서는 다르다. 구원받은 성도들이 가져야 할 자세를 다음 성경을 통해 살펴보자.

 (1) 고린도전서 15:10

 『그러나 내가 나 된 것은 하나님의 은혜로 된 것이니 내게 주신 그의 은혜가 헛되지 아니하여 내가 모든 사도보다 더 많이 수고하였으나 내가 한 것이 아니요 오직 나와 함께 하신 하나님의 은혜로라』

 * 부름 받아 일할 수 있는 것은 하나님의 은혜이다.
 * 일할 수 있는 것이 하나님의 은혜임을 잊어버릴 때, 자신의 공로만 생각하고 원망을 하게 된다. 먼저 온 일꾼들이 더 인정해주지 않는다고 원망하는 것과 같다.

 〉〉 봉사 후에 은근히 자신을 과시하고 싶은 적이 있었는가? 그렇다면 바울의 고백을 통해 고쳐야 할 자세는 무엇인가?

 (2) 누가복음 17:10

 『이와 같이 너희도 명령 받은 것을 다 행한 후에 이르기를 우리는 무익한 종이라 우리가 하여야 할 일을 한 것뿐이라 할지니라』

*종은 주인이 원하는 일을 한 것에 만족해야 한다. 더 이상 다른 기대를 하지 않아야 한다.

(3) 고린도전서 10:24

『누구든지 자기의 유익을 구하지 말고 남의 유익을 구하라』

* 사람들은 일반적으로 자기의 유익을 구한다. 그러나 성도들은 남의 유익을 구하는 자들이다.
* 하나님의 은혜 가운데 사는 자가 하나님을 기쁘시게 해 드려야 함은 너무나 당연하다.

『그런즉 너희가 먹든지 마시든지 무엇을 하든지 다 하나님의 영광을 위하여 하라』(고전 10:31)

8. 오늘 주신 말씀을 통해 느낀 점과 결단한 것을 말하고 함께 기도하자.

● **과 제**

성구암송 – 고린도전서 10:24

『누구든지 자기의 유익을 구하지 말고 남의 유익을 구하라』

큐   티 – 마태복음 8:5-13

"너희가 각각 마음으로부터 형제를 용서하지 아니하면
나의 하늘 아버지께서도 너희에게 이와 같이 하시리라"

마 18:35

혼인잔치 비유

| 하나님의 초청 |

하나님은 사람들을 초청하셨다. 그 잔치는 모든 것이 준비된 귀하고 성대한 잔치였다. 그러나 사람들은 도무지 관심이 없었다. 자기의 일에만 열심이었다. 그리고 초청장을 가지고 간 종들을 능욕해서 죽이는 만행을 저질렀다. 하나님은 이 땅에 예수 그리스도를 보내셔서 천국으로 초청하고 있다. 천국은 기쁨과 축복의 잔치이다. 이 시간 혼인잔치 비유를 통해 우리에게 주시는 교훈을 살펴보자.

마태복음 22:1-14

『[1] 예수께서 다시 비유로 대답하여 이르시되 [2] 천국은 마치 자기 아들을 위하여 혼인 잔치를 베푼 어떤 임금과 같으니 [3] 그 종들을 보내어 그 청한 사람들을 혼인 잔치에 오라 하였더니 오기를 싫어하거늘 [4] 다시 다른 종들을 보내며 이르되 청한 사람들에게 이르기를 내가 오찬을 준비하되 나의 소와 살진 짐승을 잡고 모든 것을 갖추었으니 혼인 잔치에 오소서 하라 하였더니 [5] 그들이 돌아보지도 않고 한 사람은 자기 밭으로, 한 사람은 자기 사업하러 가고 [6] 그 남은 자들은 종들을 잡아 모욕하고 죽이니 [7] 임금이 노하여 군대를 보내어 그 살인한 자들을 진멸하고 그 동네를 불사르고 [8] 이에 종들에게 이르되 혼인 잔치는 준비되었으나 청한 사람들은 합당하지 아니하니 [9] 네거리 길에 가서 사람을 만나는 대로 혼인 잔치에 청하여 오라 한대 [10] 종들이 길에 나가 악한 자나 선한 자나 만나는 대로 모두 데려오니 혼인 잔치에 손님들이 가득한지라 [11] 임금이 손님들을 보러 들어올새 거기서 예복을 입지 않은 한 사람을 보고 [12] 이르되 친구여 어찌하여 예복을 입지 않고 여기 들어왔느냐 하니 그가 아무 말도 못하거늘 [13] 임금이 사환들에게 말하되 그 손발을 묶어 바깥 어두운 데에 내던지라 거기서 슬피 울며 이를 갈게 되리라 하니라 [14] 청함을 받은 자는 많되 택함을 입은 자는 적으니라』

1. 본문의 내용을 요약해 보라.

_____

_____

_____

_____

_____

2. 3-4절을 통해 잔치를 베푼 임금의 어떤 마음을 엿볼 수 있나?

* 준비된 잔치에 오기 싫어하는 사람들에게 다시 종을 보내서 간절히 초청하고 있다. 얼마나 정성껏 준비한 완벽한 잔치인지 알 수 있다.

〉〉 하나님의 이런 간절한 초청으로 지금 이 자리에 있다는 사실에 어떤 느낌이 드나?

〉〉 주님의 초청에 어떻게 응하게 되었는지 2분 이내로 간단히 말해 보라.

3. 초대받은 사람들의 첫 번째 반응은 무관심이었다. 무관심한 자들의 이
   유는 무엇이었나?(5절)

* 그들의 관심은 자기 밭, 자기 사업이었다. 자기의 이익을 위해 몰두하는 모습을 볼 수 있다.
* 예수님 당시의 사람들이 예수님의 초청을 거부한 이유는, 예수님의 '회개하라 천국이 가까이
  왔느니라' 는 초청이 정치적으로나 현실적으로 전혀 이익을 가져다줄 것 같지 않았던 것이
  다. 사람들은 현실적인 이득에 민감하다.

4. 초청받은 사람들의 두 번째 반응은 적대적이었다. 종들을 잡아 죽이고
   능욕했다(6절). 헤롯왕은 아기 예수를 죽이려 했고(마 2:16), 대제사장
   들은 예수님을 능욕했다(마26:65-68). 바울도 그랬다. 그러나 주님은
   바울을 끝까지 초청하셨다. 바울의 고백을 보며 느낀 점을 말해보라
   (고전15:10).

『그러나 내가 나 된 것은 하나님의 은혜로 된 것이니 내게 주신 그의 은
혜가 헛되지 아니하여 내가 모든 사도보다 더 많이 수고하였으나 내가
한 것이 아니요 오직 나와 함께 하신 하나님의 은혜로라』(고전15:10)

〉〉 과거에 하나님의 초청에 적대적이었던 적이 있었다면 오늘 이 자리로 인도하신 하나님께
어떤 자세로 나아가야 할까?

5. 임금은 초청한 자들이 거부하자 이방인을 초청하기로 했다. 비록 자격은 없지만 사거리 길에서 만나는 대로 초청하기 시작했다(8-10절). 우리에게 주시는 교훈은 무엇인가?

* 사거리는 평범한 사람, 악한 사람, 선한 사람, 여러 종류의 사람들이 오는 곳이다.
* 천국 초청은 세상의 그 어떤 일보다 중요하기에 포기해서는 안 된다.
* 포기하지 않으면 반드시 초청에 응하는 자가 있다(갈 6:9).

『우리가 선을 행하되 낙심하지 말지니 포기하지 아니하면 때가 이르매 거두리라』(갈6:9)

6. 사거리 길로 나가서 사람을 만나는 대로 혼인잔치에 초청하는 임금을 통해 하나님의 어떤 마음을 알 수 있나?

* 구원은 모든 사람에게 선포되었고 그 당시 이방인이나 죄인도 초청해 주신 것이다.
* 자격이 없음에도 초청해 주시고 구원해 주신 하나님의 사랑에 감사해야 할 것이다.
* 우리가 자격을 논할 수 없다. 주님은 우리도 사거리에 나가서 누구든지 초청하길 원하신다.

 〉〉 당신의 초청자 명단에 들지 않은 사람이 있다면 하나님께서 지금 어떤 마음을 주시는가?

7. 초청은 받았으나 예복을 입지 않으면 잔치에 참석할 수 없다. 무엇을 의미하는가?(11-13절, 롬5:9)

『그러면 이제 우리가 그의 피로 말미암아 의롭다 하심을 받았으니 더욱 그로 말미암아 진노하심에서 구원을 받을 것이니』(롬5:9)

* 죄인의 모습으로는 천국에 들어갈 수 없다. 예수님의 십자가 보혈로 죄 씻음 받아야 한다.

* 교회를 다녀도 예수님을 그리스도로 살아계신 하나님의 아들로 믿지 않으면 구원받을 수 없
　다(요 1:12).

『영접하는 자 곧 그 이름을 믿는 자들에게는 하나님의 자녀가 되는 권세
　를 주셨으니』 (요 1:12)

〉〉 언제 예수님을 영접했는가? 예수님을 믿고 있다는 것이 얼마나 감사한 일인지 모른다. 혹
아직도 예수님을 믿지 않고 있다면 이 시간 함께 영접 기도를 하자.

　영접 기도 - 하나님 저를 천국으로 초청해 주심 감사합니다. 이 시간 예
　수님께서 저를 위해 십자가에서 죽으시고 부활하신 것을 믿습니다. 예수
　님의 십자가 보혈로 저의 모든 죄를 씻어주시고 용서해주셔서 감사합니
　다. 이 시간 마음의 문을 열고 예수님을 저의 구원자로 주님으로 영접합
　니다. 저를 받아주시옵소서. 이제부터 주님의 뜻대로 살겠습니다. 제게
　영생을 주셔서 감사합니다. 예수님의 이름으로 기도합니다. 아멘

『진실로 진실로 너희에게 이르노니 믿는 자는 영생을 가졌나니』 (요 6:47)

8. 오늘 말씀을 통해 결단한 것을 말하고 합심해서 기도하는 시간을 가
　지자.

● **과　제**
　성구암송 - 로마서 5:9
　『그러면 이제 우리가 그의 피로 말미암아 의롭다 하심을 받았으니 더욱 그로 말미암
　아 진노하심에서 구원을 받을 것이니』

　큐　　티 - 요한복음 3:14-17

열 처녀 비유

| 미련한 자에게 내린 최종선고 |

본문은 천국을 혼인잔치에 비유하고 있다. 인생이 가야 할 종착역은 바로 천국이다. 천국은 잔치집이다. 본문에 나오는 열 처녀 비유는 예수님의 재림에 대한 내용이다. 예수님의 재림에 대해서 미리 준비한 자만이 예수님과 함께 잔치에 참석할 수 있음을 알려 주고 있다. 열처녀 비유를 통해 주시는 교훈을 살펴보자.

마태복음 25:1-13

『[1] 그 때에 천국은 마치 등을 들고 신랑을 맞으러 나간 열 처녀와 같다 하리니 [2] 그 중의 다섯은 미련하고 다섯은 슬기 있는 자라 [3] 미련한 자들은 등을 가지되 기름을 가지지 아니하고 [4] 슬기 있는 자들은 그릇에 기름을 담아 등과 함께 가져갔더니 [5] 신랑이 더디 오므로 다 졸며 잘 새 [6] 밤중에 소리가 나되 보라 신랑이로다 맞으러 나오라 하매 [7] 이에 그 처녀들이 다 일어나 등을 준비할 새 [8] 미련한 자들이 슬기 있는 자들에게 이르되 우리 등불이 꺼져가니 너희 기름을 좀 나눠 달라 하거늘 [9] 슬기 있는 자들이 대답하여 이르되 우리와 너희가 쓰기에

다 부족할까 하노니 차라리 파는 자들에게 가서 너희 쓸 것을 사라 하니 [10] 그들이 사러 간 사이에 신랑이 오므로 준비하였던 자들은 함께 혼인 잔치에 들어가고 문은 닫힌지라 [11] 그 후에 남은 처녀들이 와서 이르되 주여 주여 우리에게 열어 주소서 [12] 대답하여 이르되 진실로 너희에게 이르노니 내가 너희를 알지 못하노라 하였느니라 [13] 그런즉 깨어 있으라 너희는 그 날과 그 때를 알지 못하느니라』

1. 본문을 간략하게 요약하라.

_____

_____

_____

_____

_____

2. 유대인의 결혼 관습에 대해 아는 대로 말해 보라.

유대인의 결혼 풍습에서는 신랑이 밤에 신부의 집에 와서 혼인잔치를 한다. 한밤중에 신랑의 들러리들이 뿔나팔을 불며 신랑이 왔음을 알리면 신부의 들러리들은 등불을 밝히며 신랑을 맞이하는데 들러리는 보통 10명씩 두는 것이 관례라고 한다.

신부 들러리들이 가진 등불은 대단히 중요했는데 예정보다 늦게 오는 신랑을 기다리다 불이 꺼진다든지 기름이 떨어지지 않도록 하기 위해 여분의 기름까지 준비해야 했다.

신부의 들러리들은 자신의 등불로 행렬의 앞길을 밝힌다.

그리고 결혼식을 올린 후 크게 잔치를 하고 즐거워 한다.

3. 미련한 다섯 처녀가 준비하지 못한 것이 무엇인가?(3절)

  * 등은 준비했으나 기름을 준비하지 못했다.

4. 등은 성도들의 외형적인 신앙의 모습을 나타내며, 기름은 성령을 통한 믿음이라고 할 수 있다. 고린도전서 12장 3절을 통해 느낀 점을 말해 보자.

  『그러므로 내가 너희에게 알리노니 하나님의 영으로 말하는 자는 누구 든지 예수를 저주할 자라 하지 아니하고 또 성령으로 아니하고는 누구 든지 예수를 주시라 할 수 없느니라』 (고전 12:3)

  * 외형적으로 신앙생활을 잘 하는 것처럼 보이지만 정작 믿음이 없으면 천국에 들어 갈 수 없음을 알아야 한다,

5. 외형적인 믿음에 대한 성경의 교훈을 살펴보자.

 (1) 마태복음 6:1

  『사람에게 보이려고 그들 앞에서 너희 의를 행하지 않도록 주의하라 그 리하지 아니하면 하늘에 계신 너희 아버지께 상을 받지 못하느니라』

  * 예수님께서는 당시의 종교 지도자들이 사람들에게 보이기 위해 형식적인 것을 중요하게 여 기고 사람의 눈을 의식하는 종교적 관행에 빠져 있는 것을 지적하셨다.

 (2) 사무엘상 16:7

  『여호와께서 사무엘에게 이르시되 그의 용모와 키를 보지 말라 내가 이 미 그를 버렸노라 내가 보는 것은 사람과 같지 아니하니 사람은 외모를 보거니와 나 여호와는 중심을 보느니라 하시더라』

* 사람에게는 마음을 감추고 믿음이 있는 것처럼 거짓으로 행동할 수 있지만 하나님은 속일
  수가 없다.

* 믿음에 의한 변화를 원하신다.

》》 믿음으로 행하지 않고 사람의 눈을 의식하며 행하는 것이 있다면 말해 보라.
   (예배, 봉사, 기도, 교제 등)

6. 8절의 미련한 자들이 슬기있는 처녀들에게 기름을 달라고 하소연하
   는 것을 통해 느낀 점을 말해 보라.

* 믿음은 개인적이기에 다른 사람에게서 빌릴 수가 없다.

》》 가족 중에 믿음이 좋은 사람이 있기에 자신도 그 혜택을 볼 것이라는 생각을 한 적은 없
   는가?

7. 미련한 다섯 처녀를 통해 배울 수 있는 또 다른 교훈을 고린도후서 6
   장 2절을 통해 살펴보고 느낀 점을 말해 보라.

『이르시되 내가 은혜 베풀 때에 너에게 듣고 구원의 날에 너를 도왔다 하
  셨으니 보라 지금은 은혜 받을 만한 때요 보라 지금은 구원의 날이로다』

* 예수님의 재림에 대한 준비는 미리 해야 한다. 예수님을 믿고 있는가? 아직도 구원의 확신이
  없다면 지금 예수님을 구원자로 영접해야 할 것이다. 주님의 재림은 생각하지 못한 때 갑작
  스럽게 이루어지기 때문이다(마 24:43-44).

『[43] 너희도 아는 바니 만일 집 주인이 도둑이 어느 시각에 올 줄을 알
  았더라면 깨어 있어 그 집을 뚫지 못하게 하였으리라 [44] 이러므로 너
  희도 준비하고 있으라 생각하지 않은 때에 인자가 오리라』

8. 미련한 처녀들이 급히 등에 기름을 넣어서 달려갔을 때는 이미 문이 닫혔고 애절하게 간청해도 문은 다시는 열리지 않았다. 본문 11-12절을 통해 느낀 점과 결단한 것을 말해 보라.

* 최종적인 심판이 얼마나 준엄한지 알 수 있다.
* 평소에 믿음의 중요성을 가볍게 여기면 돌이킬 수 없는 후회를 할 수 있음을 알려 주고 있다.
* '알지 못하노라'의 원어의 뜻은 상대방에게 특별한 호의를 베풀 만한 이유가 전혀 없다는 최종적인 선고이다.

〉〉 혹시 이 말씀 앞에서 두려움이 있는가?

〉〉 당신은 기름을 준비했는가?

9. 오늘 말씀을 통해서 느낀 점을 말해 보자.

* 영적 준비는 지금 이 시간에 마쳐야 한다.
* 인생의 종말이 비극이 아니라 이 땅에서 준비하지 못한 것이 비극이다.
* 재림하실 예수님을 맞이하기 위해 준비해야 할 것은 믿음이다.

● **과   제**

성구암송 - 고린도후서 6:2

『이르시되 내가 은혜 베풀 때에 너에게 듣고 구원의 날에 너를 도왔다 하셨으니 보라 지금은 은혜 받을 만한 때요 보라 지금은 구원의 날이로다』

큐   티 - 로마서 13:11-14

12

달란트 비유
| 충성된 종과 게으른 종의 결산 |

피조물인 인간이 하나님을 위해 무슨 일을 할 수 있다면 이보다 더한 영
광은 없을 것이다. 하나님은 우리에게 필요한 모든 것을 공급하셨다. 그
것도 모두 거저 주신 것이다. 우리가 누리는 모든 것은 하나님의 은혜라
고 할 수 있다. 그렇다면 창조주 하나님께 쓰임 받는 것은 영광이요 기쁨
인 것이다. 달란트 비유를 통해 우리에게 주시는 교훈을 살펴보자.

마태복음 25:14-30

『[14] 또 어떤 사람이 타국에 갈 때 그 종들을 불러 자기 소유를 맡김과
같으니 [15] 각각 그 재능대로 한 사람에게는 금 다섯 달란트를, 한 사람
에게는 두 달란트를, 한 사람에게는 한 달란트를 주고 떠났더니 [16] 다
섯 달란트 받은 자는 바로 가서 그것으로 장사하여 또 다섯 달란트를 남
기고 [17] 두 달란트 받은 자도 그같이 하여 또 두 달란트를 남겼으되
[18] 한 달란트 받은 자는 가서 땅을 파고 그 주인의 돈을 감추어 두었
더니 [19] 오랜 후에 그 종들의 주인이 돌아와 그들과 결산할새 [20] 다
섯 달란트 받았던 자는 다섯 달란트를 더 가지고 와서 이르되 주인이여
내게 다섯 달란트를 주셨는데 보소서 내가 또 다섯 달란트를 남겼나이

다 [21] 그 주인이 이르되 잘하였도다 착하고 충성된 종아 네가 적은 일에 충성하였으매 내가 많은 것을 네게 맡기리니 네 주인의 즐거움에 참여할지어다 하고 [22] 두 달란트 받았던 자도 와서 이르되 주인이여 내게 두 달란트를 주셨는데 보소서 내가 또 두 달란트를 남겼나이다 [23] 그 주인이 이르되 잘하였도다 착하고 충성된 종아 네가 적은 일에 충성하였으매 내가 많은 것을 네게 맡기리니 네 주인의 즐거움에 참여할지어다 하고 [24] 한 달란트 받았던 자는 와서 이르되 주인이여 당신은 굳은 사람이라 심지 않은 데서 거두고 헤치지 않은 데서 모으는 줄을 내가 알았으므로 [25] 두려워하여 나가서 당신의 달란트를 땅에 감추어 두었나이다 보소서 당신의 것을 가지셨나이다 [26] 그 주인이 대답하여 이르되 악하고 게으른 종아 나는 심지 않은 데서 거두고 헤치지 않은 데서 모으는 줄로 네가 알았느냐 [27] 그러면 네가 마땅히 내 돈을 취리하는 자들에게나 맡겼다가 내가 돌아와서 내 원금과 이자를 받게 하였을 것이니라 하고 [28] 그에게서 그 한 달란트를 빼앗아 열 달란트 가진 자에게 주라 [29] 무릇 있는 자는 받아 풍족하게 되고 없는 자는 그 있는 것까지 빼앗기리라 [30] 이 무익한 종을 바깥 어두운 데로 내쫓으라 거기서 슬피 울며 이를 갈리라 하니라』

1. 내용을 간략하게 요약하라.

_____

_____

_____

_____

_____

2. 어떤 사람이 종들에게 달란트를 맡기고 타국에 갔다는 것은 무엇을 의미할까? .

  * 예수님께서 성도들에게 할 일을 맡기셨고, 그 맡기신 일에 대하여 반드시 결산의 시간이 있음을 알려 주신 것이라 할 수 있다.

3. 주인은 종의 재능에 따라 일을 맡겼다. 여기서 재능은 '자신의 힘이나 능력에 따라'라는 뜻이다. 지금 자기가 맡은 일에 대해 최선을 다하고 있다고 생각하는가? 그렇지 못하다면 그 이유가 무엇이라고 생각하나?

  달란트는 신약 시대에는 무게와 화폐의 단위로 동시에 쓰였다. 본문의 경우에는 화폐의 단위로써, 1달란트는 6,000데나리온에 해당하는 엄청난 가치가 된다(1데나리온은 노동자 1일 품삯에 해당). 이는 주인이 맡긴 달란트가 대단한 가치를 가진 것이라는 의미이다.

  * 주인이 재능에 따라 달란트를 맡겼다는 것은 할 수 있는 일을 맡겼다는 뜻이다. 달란트는 대단한 가치로 가치 있는 일을 맡겼음을 뜻한다.
  * 하나님의 일은 어떤 일이든 귀하고 가치 있는 일임을 기억해야 한다.

  〉〉 지금 자신에게 맡겨진 일은 대단한 가치가 있다. 주님께서 맡겨 주셨기 때문이다. 최선을 다하고 있는가?

4. 종에게 달란트를 맡긴 주인은 어떤 마음으로 떠났을까?

  * 주인은 자신의 권위와 지혜로써 분배를 마친 후 더 이상의 염려나 망설임 없이 자기 길을 떠났다. 이것은 그 종들에 대한 주인의 믿음과 기대가 있었음을 알 수 있다.

  〉〉 맡겨진 일에 대해 주님은 기대하고 계신다는 사실 앞에서 어떤 느낌을 받게 되나?

5. 다섯 달란트와 두 달란트 받은 자는 달란트를 받은 후 어떻게 했
   나?(16-17절)

* 지체하지 않고 바로 가서 일을 시작했다.
* 장사하여 이익을 남겼다. 맡은 일에 충성하면 반드시 그 결과 즉, 열매가 있음을 보여준다. 주
  인이 종의 재능을 알고 맡겼을 때는 이미 열매를 기대했을 것이다.

  》》 주님께서 맡기신 일은 지체하면 안 된다. 아직도 지체하고 있는 일은 무엇인가?

6. 한 달란트 받은 자가 달란트를 남기지 못한 이유가 어디에 있다고 생
   각하는가?(18, 24, 25절)

* 주인이 시키는 대로 하지 않고 땅속에 파묻어 두었다. 주인이 장사하여 이익을 남기라고 달
  란트를 주셨음을 망각했다.

  》》 주님이 주신 달란트(맡겨 주신 일)를 땅속에 파묻어 두고 있는 것은 없는지 살펴보자.

* 아무 일도 하지 않았다. 자신의 생각에 사로잡혀 있었기 때문이다. 주인에 대한 선입견이 그
  를 지배했다.

7. 주인에게서 칭찬받은 내용을 보며 나름대로 느낀 점을 말해 보자(21,
   23절).
* 주인은 종의 노력을 칭찬했다. '착하고 충성되다' 라고 최고의 표현을 한 것이다.
* 적은 일에 충성하였다는 말은 결산의 크고 작음에 있는 것이 아니라 큰일이든 작은 일이든
  성실히 충성하는 자세를 원하고 있음을 알 수 있다.
* 주인이 맡긴 다섯 달란트는 상당히 큰 액수이지만 주인의 입장에서는 아주 미미한 것일 수
  있다. 중요한 것은 이 땅에서 주님께서 맡겨 주신 일에 대한 성실함이다.
* 주인은 '많은 것을 네게 맡기리니' 라고 말하며 계속해서 쓰임 받게 될 것을 약속하고 있다. 주인
  으로부터 신뢰를 받아 더 큰 일에 계속해서 쓰임 받는다는 것은 종에게는 영광스러운 일이다.

* 충성된 종은 감히 주인의 즐거움에 참여할 수 있는 특권을 누리게 되었다. 충성의 결과가 얼마나 대단한지 알려주고 있다.

》》 맡겨진 일을 어떤 자세로 감당할 것인지 말해 보라.

》》 종은 주인의 칭찬만이 필요하고 중요하다. 주인 외에 그 누구의 칭찬이나 박수도 의미가 없다. 혹 주의 일을 하면서 사람들의 칭찬에 관심을 두고 있지는 않은가?

『이와 같이 너희도 명령 받은 것을 다 행한 후에 이르기를 우리는 무익한 종이라 우리가 하여야 할 일을 한 것뿐이라 할지니라』(눅 17:10)

8. 책망 받은 한 달란트 받은 자의 모습을 보며 느낀 점을 말해 보라(28-30절).

* 게으름으로 인해 달란트를 빼앗겼다. 어떤 일도 할 수 없는 쓸모없는 자가 되고 만 것이다. * 주인이 맡긴 일에 소홀한 종은 그 주인에게 아무 쓸모없는 자인 것이다.
* 바깥 어두운 데로 쫓겨났다. 주인과의 관계가 단절되었다.
* 슬피 울며 이를 간다는 것은 자신의 행동에 대해 돌이킬 수 없는 큰 후회를 하게 된다는 것이다.

》》 주의 일을 가볍게 여겨 소홀히 하고 맡은 일에 게으름을 피운 적은 없는가? 깨달은 것이 있으면 말해 보라.

9. 오늘 공부를 통해 느낀 점을 말하고 새롭게 결단한 것을 말해 보라.

● 과　　제

성구암송 – 누가복음 17:10

『이와 같이 너희도 명령 받은 것을 다 행한 후에 이르기를 우리는 무익한 종이라 우리가 하여야 할 일을 한 것뿐이라 할지니라』

큐　　티 – 누가복음 17:1-10

13

선한 사마리아인 비유
| 이웃에 대한 사랑 |

유대인과 사마리아인은 서로 적대 관계에 있었다. 그럼에도 사마리아 사람은 강도 만난 유대인을 향해 최선의 사랑을 베풀었다. 이웃 사랑에 어떤 기준과 한계를 두는 사람들에게 큰 도전을 주는 내용이다. 예수님은 죄인인 우리를 위해 십자가에 못 박혀 돌아가셨다. 사랑받을 자격이 없는 우리를 사랑하신 주님께서 선한 사마리아 사람을 통해 어떤 교훈을 주시는지 살펴보자.

누가복음 10:30-37

『[30] 예수께서 대답하여 이르시되 어떤 사람이 예루살렘에서 여리고로 내려가다가 강도를 만나매 강도들이 그 옷을 벗기고 때려 거의 죽은 것을 버리고 갔더라 [31] 마침 한 제사장이 그 길로 내려가다가 그를 보고 피하여 지나가고 [32] 또 이와 같이 한 레위인도 그 곳에 이르러 그를 보고 피하여 지나가되 [33] 어떤 사마리아 사람은 여행하는 중 거기 이르러 그를 보고 불쌍히 여겨 [34] 가까이 가서 기름과 포도주를 그 상처에 붓고 싸매고 자기 짐승에 태워 주막으로 데리고 가서 돌보아 주니라 [35] 그 이튿날 그가 주막 주인에게 데나리온 둘을 내어 주며 이르되 이 사람을 돌보아 주라 비용이 더 들면 내가 돌아올 때에 갚으리라 하였으니 [36] 네 생각에는 이 세 사람 중에 누가 강도 만난 자의 이웃이 되겠느냐 [37] 이르되 자비를 베푼 자니이다 예수께서 이르시되 가서 너도 이와 같이 하라 하시니라』

1. 본문의 내용을 쉽게 요약해 보라.

_____

_____

_____

_____

_____

2. 강도 만난 사람을 본 사람들의 프로필을 간단히 기록하라.

(1) 제사장 (민 19:11)

* 이 길을 지나간 제사장의 주 임무는 성전에서 희생 제물을 드리는 일이었다.
* 제사장은 성전에서 제사장으로서의 의무 기간을 마치고 여리고에 있는 자기 집으로 돌아가는 길이었을 것이다. 당시 여리고에는 제사장들과 레위인들이 많이 모여 살았다고 한다.
* 강도 만난 사람은 거의 죽은 것으로 보였다. 제사장은 시체를 만져서 부정하게 되면 칠 일 동안 성전 봉사를 할 수 없었다. 그는 이웃에 대한 사랑보다 종교의식 자체를 더 중요하게 여긴 것으로 보인다.

『사람의 시체를 만진 자는 이레 동안 부정하리니 』(민 19:11)

(2) 레위인 (민 18:3-4)

『[3] 레위인은 네 직무와 장막의 모든 직무를 지키려니와 성소의 기구와 제단에는 가까이 하지 못하리니 두렵건대 그들과 너희가 죽을까 하노라 [4] 레위인은 너와 합동하여 장막의 모든 일과 회막의 직무를 다할 것이요 다른 사람은 너희에게 가까이 하지 못할 것이니라』

* 레위인은 제사장과 마찬가지로 하나님과 백성에게 봉사하기 위하여 성별된 지파였다.
* 레위인은 제사장보다는 지위가 낮지만 종교적으로 특권층에 속한 사람이었으므로 모든 사람의 모범이 되어야 했다.

(3) 사마리아인 (왕하 17:24-26)

『[24] 앗수르 왕이 바벨론과 구다와 아와와 하맛과 스발와임에서 사람을 옮겨다가 이스라엘 자손을 대신하여 사마리아 여러 성읍에 두매 그들이 사마리아를 차지하고 그 여러 성읍에 거주하니라 [25] 그들이 처음으로 거기 거주할 때에 여호와를 경외하지 아니하므로 여호와께서 사자들을 그들 가운데에 보내시매 몇 사람을 죽인지라 [26] 그러므로 어떤 사람이 앗수르 왕에게 말하여 이르되 왕께서 사마리아 여러 성읍에 옮겨 거주하게 하신 민족들이 그 땅 신의 법을 알지 못하므로 그들의 신이 사자들을 그들 가운데에 보내매 그들을 죽였사오니 이는 그들이 그 땅 신의 법을 알지 못함이니이다 하니라』

* 앞의 두 사람은 유대인 중에도 유대교 지도자들이었다. 그러나 당시에 사마리아인은 그들에 비하면 사람 취급도 받지 못하는 부류에 속했다.
* B.C 721년 앗수르 왕 사르곤 2세에 의하여 사마리아가 점령당한 후, 여러 지역의 이민족을 이주시켜 잔존 이스라엘인과 혼혈하여 생겨난 사람들이 사마리아인이다.

3. 대제사장과 레위인은 하나님께 예배드리는 일에 열심이었지만 강도 만난 자를 외면하고 있다. 이들의 모습을 보며 어떤 교훈을 얻을 수 있나?

* 그리스도인은 선한 사마리아인과 같이 불행한 일을 당한 자를 보면, 그가 누구든지 사랑의 손길을 펴서 그리스도의 긍휼의 정신을 보여주어야 한다.
* 하나님은 종교적인 의식보다 소외된 자에게 베푸는 사랑과 자비를 우선적으로 보신다. 다시 말해서 긍휼과 의식은 둘 다 필요하지만, 긍휼과 사랑을 베풀면서 예배를 드릴 때 하나님께서 그 예배를 기쁘게 받으신다는 사실을 일깨워 주고 있다.

>> 오늘 말씀을 통해 고쳐야 할 점이 있으면 말해 보라.

4. 사마리아인의 행동을 구체적으로 기록해 보고 느낀 점을 말해 보라.

(1) 33절 – "어떤 사라미아 사람은 여행하는 중 거기 이르러 그를 보고 불쌍히 여겨"

* 사마리아인은 자신을 멸시하는 유대인을 품을 수 있는 따뜻한 마음이 있었다.
* 어려움에 처한 자를 보고 불쌍히 여기는 마음을 가진 사람이었다.

(2) 34절 – "가까이 가서 기름과 포도주를 그 상처에 붓고 싸매고 자기 짐승에 태워 주막으로 데리고 가서 돌보아 주니라"

* 강도 만난 자의 필요를 다 채워주고 있다. 자신이 가진 기름과 포도주를 상처에 붓고 싸매어 짐승에 태워 주막으로 데리고 가서 돌보아 주었다.
* 강도 만난 자의 필요를 채워주고자 하는 긍휼의 마음과 사랑의 마음으로 섬기고 있다.

>> 사마리아 사람에게서 어떤 마음을 배울 수 있나?

(3) 35절 – "그 이튿날 그가 주막 주인에게 데나리온 둘을 내어 주며 이르되 이 사람을 돌보아 주라 비용이 더 들면 내가 돌아올 때에 갚으리라 하였으니"

* 이튿날에 일찍 떠났다는 것은 제사장이나 레위인보다 덜 바빠서 곤경에 처한 사람을 돌보아 준 것이 결코 아님을 의미한다.
* 새벽에 일찍 떠나야 할 만큼 바쁜 사람이었으나, 도움이 절실히 필요한 사람을 위하여 자신의 시간과 물질을 희생한 것이다.
* 사마리아인은 강도 만난 사람에 대해 책임감을 가지고 끝까지 돌보아 주었다.

5. 이웃 사랑과 하나님 사랑과는 어떤 관계가 있는지 살펴보자(마 22:39, 요일 4:20).

『둘째도 그와 같으니 네 이웃을 네 자신 같이 사랑하라 하셨으니』 (마 22:39)
『누구든지 하나님을 사랑하노라 하고 그 형제를 미워하면 이는 거짓말하는 자니 보는 바 그 형제를 사랑하지 아니하는 자는 보지 못하는 바 하나님을 사랑할 수 없느니라』 (요일 4:20)

* 하나님을 사랑하고 동시에 이웃을 사랑할 때 하나님으로부터 인정받을 수 있다.

6. 당신이 지금 돌보아 주어야 할 이웃이 누군지 말해 보라.

* 형제나 불신자 중에서 도와야 할 '강도 만난 자'를 찾아보라.

>> 당신이 가진 시간과 물질을 어려운 이웃을 위해 얼마나 사용하고 있는가?

7. 오늘 말씀을 통해 결단한 것을 말하고 이를 위해 합심해서 기도하자.

● **과   제**

성구암송 – 요한일서 4:20

『누구든지 하나님을 사랑하노라 하고 그 형제를 미워하면 이는 거짓말하는 자니 보는 바 그 형제를 사랑하지 아니하는 자는 보지 못하는 바 하나님을 사랑할 수 없느니라』

큐   티 – 누가복음 6:27-36

밤중에 찾아온 친구 비유

| 간청하는 기도 |

기도는 선택이 아니라 필수이다. 많은 사람들이 기도는 해도 되고 안 해도 되는 것처럼 생각한다. 분명한 것은 기도는 아무리 강조해도 지나치지 않다. 미국 목사인 로저 뱁슨은 "기도는 세상에서 가장 위대하고 강한 힘이다."라고 말했다. 기도는 전능하신 하나님의 전능을 움켜잡는 것이다. 기도 없이 하나님을 깊이 알 수가 없다. 이 시간 밤중에 찾아온 친구 비유를 통해 기도에 대해 공부해 보자.

누가복음 11:5-13

『[5] 또 이르시되 너희 중에 누가 벗이 있는데 밤중에 그에게 가서 말하기를 벗이여 떡 세 덩이를 내게 꾸어 달라 [6] 내 벗이 여행중에 내게 왔으나 내가 먹일 것이 없노라 하면 [7] 그가 안에서 대답하여 이르되 나를 괴롭게 하지 말라 문이 이미 닫혔고 아이들이 나와 함께 침실에 누웠으니 일어나 네게 줄 수가 없노라 하겠느냐 [8] 내가 너희에게 말하노니 비록 벗 됨으로 인하여서는 일어나서 주지 아니할지라도 그 간청함을 인하여 일어나 그 요구대로 주리라 [9] 내가 또 너희에게 이르노니 구하라 그러면 너희에게 주실 것이요 찾으라 그러면 찾아낼 것이요 문을 두

드리라 그러면 너희에게 열릴 것이니 [10] 구하는 이마다 받을 것이요 찾는 이는 찾아낼 것이요 두드리는 이에게는 열릴 것이니라 [11] 너희 중에 아버지 된 자로서 누가 아들이 생선을 달라 하는데 생선 대신에 뱀을 주며 [12] 알을 달라 하는데 전갈을 주겠느냐 [13] 너희가 악할지라도 좋은 것을 자식에게 줄 줄 알거든 하물며 너희 하늘 아버지께서 구하는 자에게 성령을 주시지 않겠느냐 하시니라』

1. 본문을 자신의 말로 요약해 보라.

_____

_____

_____

_____

_____

2. 본문은 기도의 방법을 우리에게 알려주고 있다. 5절에 나오는 "밤중에 그에게 가서"라는 말씀을 통해 무엇을 느낄 수 있나?

* 친구가 찾아간 시각은 밤중이다. 7절에 의하면 제법 늦은 밤이었다. 식구들이 모두 잠자리에 든 시간이었기 때문이다.

* 아무리 친한 친구 사이라도 예의를 벗어나면 결코 환영받기가 어렵다. 그럼에도 한참 잠자는 시간에 무례를 행하면서까지 간청하고 있다.

〉〉 밤늦게 친구를 찾아간 이 사람을 보며 기도에 대해 깨달은 것은 무엇인가?

* 기도에 무례한 것은 없다.

3. 밤중에 찾아가는 무례를 무릅쓰고 떡 세 덩이를 빌리러 간 친구는 어떤 마음이었을까? (7-8절)

* 친구에 대한 예의가 아님을 알았지만 반드시 떡 세 덩이를 얻어야 한다는 절박한 마음으로 찾아갔을 것이다.

〉〉 응답에 대한 확신 없이 한번 해보자는 식의 기도를 자주 하지는 않는지 자신의 기도를 살펴보자. 주님은 어떤 기도에 응답하시는가?(8절)

* 주님은 형식적인 기도를 좋아하시지 않는다.
* 응답을 확신하고 끈질기게 조르는 기도(간청)에 응답해 주신다.

4. 하나님께서 간청하는 기도를 원하시는 이유가 무엇이라고 생각하는가?(8절)

* 간청하는 기도는 하나님을 향한 신뢰이다.
* 친구도 간청하면 준다. 하물며 하나님은 어떠하실까? 기도하면 당연히 응답해 주실 것이라는 믿음을 가져야 한다.

5. 우리는 간청하는 기도를 할 수 있다. 그 이유를 아래 성경을 통해 살펴보자.

(1) 히브리서 10:19

『그러므로 형제들아 우리가 예수의 피를 힘입어 성소에 들어갈 담력을 얻었나니』

* 십자가를 통해 하나님 앞에 나아갈 수 있는 길이 열렸다. 기도할 수 있는 특권을 주신 것이다.

(2) 로마서 8:32

『자기 아들을 아끼지 아니하시고 우리 모든 사람을 위하여 내주신 이가
어찌 그 아들과 함께 모든 것을 우리에게 주시지 아니하겠느냐』

* 하나님은 하나밖에 없는 아들 예수님을 높고 귀한 하늘의 보좌에서 이 땅으로 보내주셨다.
  그리고 우리의 죄 문제를 해결해 주시기 위해 예수님을 십자가에 못 박으시고 하나님의 자녀
  로 삼아주셨다. 그래서 우리는 하나님을 당당하게 아버지로 부를 수 있는 것이다.
* 엄청난 대가를 지불한 자녀, 귀한 자녀이기에 시도 때도 없이 구하고 염치없이 무례하게 구
  해도 받아 주신다.

〉〉 기도의 특권을 제대로 사용하지 않고 있다면 그 이유가 무엇인가?

(3) 마가복음 11:24

『그러므로 내가 너희에게 말하노니 무엇이든지 기도하고 구하는 것은 받
은 줄로 믿으라 그리하면 너희에게 그대로 되리라』

* 아버지와 아들은 믿음의 관계이다. 자녀가 아버지를 신뢰하는 것은 너무나 당연한 일이다.
* 아들인 우리가 아버지를 믿고 기도하라는 것이다.
* 하나님은 우리가 믿음을 가지고 나아갈 때 기뻐하신다.
* 믿고 구하는 기도는 반드시 응답해 주신다.

6. 자녀 된 성도들이 기도할 때 하나님 아버지는 어떻게 응답해 주시는지
   누가복음 11장 11-13절을 통해 살펴보자.

(1) 누가복음11:11-12

* 자녀를 가장 잘 아시는 분이 아버지이시다.
* 무엇이 필요한지, 유익한지를 다 아신다.

* 아버지는 자녀 된 우리가 기도할 때 우리의 상황을 다 아시고 가장 필요한 것을 주시는 것
  이다.
* 어떤 때는 바로 응답해주시지 않거나, 늦게 응답해 주시는 것도 유익을 위해서이다.
  (지나고 나서 그때 응답해 주지 않으신 것이 오히려 유익임을 깨닫게 된다)
* 어떤 때는 구한 것과 다른 것으로 주시는 때도 있다. 그 또한 유익을 위해서이다.

〉〉 기도의 응답으로 가장 필요한 것과 유익한 것으로 응답 받은 것이 있으면 말해 보라.

(2) 누가복음 11:13

* 하나님께서 자녀에게 주시는 것은 무조건 좋은 것이다.
* 성령을 주신다고 하셨는데 성령은 성도가 받을 수 있는 최고의 선물이라고 할 수 있다.
* 간혹 이상한 응답이라는 생각이 들어도, 현재 내 눈에는 도무지 좋은 것으로 보이지 않아도
  하나님 아버지께서 주시는 것은 결국 좋은 것이다.

  하나님은 우리를 위해 더 큰 축복을 준비하고 계시기에 특별한 기도에
  대해 응답을 지연시키거나 거부하시는 것이다. - 워렌 워어스비

7. 오늘 말씀을 공부하며 느낀 점을 말하고, 지금까지의 기도 모습과 앞
   으로의 기도 계획을 말해 보라.

● **과　제**

성구암송 – 누가복음 11:9

『내가 또 너희에게 이르노니 구하라 그러면 너희에게 주실 것이요 찾으라 그러면 찾
아낼 것이요 문을 두드리라 그러면 너희에게 열릴 것이니』

큐　　티 – 사무엘상 1:10-18

"술 취하지 말라 이는 방탕한 것이니 오직 성령으로 충만함을 받으라"

엡 5:18

빈집 비유
| 적극적인 신앙생활 |

예수님을 믿고 처음에는 감격하고 기뻐하지만 시간이 지남에 따라 타성에 젖어 미지근한 상태로 바뀌는 경우를 간혹 보게 된다. 이들은 신앙생활은 너무 열심히 할 필요가 없고, 지나치게 소극적이지 않을 정도로 하면 된다는 생각에 사로잡혀 있는지도 모른다. 적당한 선에서 하겠다는 것이다. 그러나 주님은 우리에게 적극적인 자세를 요구하신다. 소극적인 신앙생활이 얼마나 위험한가를 누구보다도 잘 아시기 때문이다. 본문은 사람들의 영혼 상태를 빈집 비유로 교훈을 주신다. 깨끗이 청소한 집이라도 빈집은 결코 좋은 집이 아니다. 이 시간 자신의 영적인 상태를 점검하는 시간이 되도록 하자.

누가복음 11:23-28

『[23] 나와 함께 하지 아니하는 자는 나를 반대하는 자요 나와 함께 모으지 아니하는 자는 헤치는 자니라 [24] 더러운 귀신이 사람에게서 나갔을 때에 물 없는 곳으로 다니며 쉬기를 구하되 얻지 못하고 이에 이르되 내가 나온 내 집으로 돌아가리라 하고 [25] 가서 보니 그 집이 청소되고 수리되었거늘 [26] 이에 가서 저보다 더 악한 귀신 일곱을 데리고 들어가서 거하니 그 사람의 나중 형편이 전보다 더 심하게 되느니라 [27] 이 말씀을 하실 때에 무리 중에서 한 여자가 음성을 높여 이르되 당신을 밴 태와 당신을 먹인 젖이 복이 있나이다 하니 [28] 예수께서 이르시되 오히려 하나님의 말씀을 듣고 지키는 자가 복이 있느니라 하시니라』

1. 본문의 내용을 자신의 말로 쉽게 정리해 보라.

_____

_____

_____

_____

_____

2. 23절은 전체 내용을 요약하고 있다고 볼 수 있다. 쉬운 말로 정리해 보라.

  * 누구든지 나와 함께 하지 않는 사람은 반대하는 사람이며 함께 모으지 않는 사람은 흩어 버리는 사람이다.

  ● '함께 한다'는 것은 어떤 의미인가?
  * 이 말씀은 매우 급박한 상황임을 염두에 두고 이해하면 좋다.
  * 사탄과의 전쟁에서 중립은 없다는 것이다.
  * 예수님에 대한 적극적인 자세를 요구하고 있는 말씀이다.
  * 예수님과 함께하지 않는 자는 반대하는 자가 되는 것이다.

3. 집을 나갔던 귀신이 다시 돌아온 이유는 무엇인가?(24-25절)

* 빈집이었기 때문이다.

● 어떤 사람이 빈집과 같은 사람인가? 두 가지의 경우를 가지고 각자의 생각을 말해 보라.

① 예수 그리스도를 영접하지 않은 경우

* 예수 그리스도를 인격적으로 영접하지 않으면 마음에 주님을 주인으로 모시지 않기에 마음 은 빈집과 같다고 할 수 있다.

* 이런 경우는 하나님께서 행하시는 일을 보고 들어도 예수님을 믿지 않기에 마음속은 비어 있 는 것이다.

② 예수님을 마음에서 내쫓고 자신이 주인 되어 사는 경우

* 집주인이 오랫동안 출타하여 집을 비워 두어 관리하지 않고 방치하면 집은 먼지나 벌레로 가 득 차게 된다.

〉〉 예수님을 믿기는 하였으나 주님을 마음에 주인으로 모시지 않고 자신이 주인처럼 살면서 예수님께서 전혀 주인의 역할을 할 수 없게 하면 어떻게 될까?

4. 26절의 '저보다 더 악한 귀신 일곱'을 데리고 들어간 이유가 어디 있다 고 생각하나?

* 악한 귀신이 나간 자리를 하나님의 선한 영으로 채우지 않았기 때문이다.

* 악한 귀신이 나갔다고 해서 빈 공간으로 내버려 두면 이전보다 더 악한 귀신 일곱이 들어가 게 된다.

〉〉 게으름과 나태함으로 말씀에 대한 순종과 기도 생활 없이 신앙생활을 하면 어떻게 될까?

5. 예수님을 마음에 주인으로 모시지 않고 있다면 그 이유가 어디에 있다
    고 생각하는가?(28절)

    * 하나님의 말씀을 듣고 지키지 않는 것은 주님을 주인으로 인정하지 않기 때문이다.
    * 이런 경우 악한 세력으로부터 농락당할 수밖에 없다.
    * 하나님 앞에서 중요한 것은 하나님의 말씀을 지키는 것이다.
    * 여기서 '지키는'은 '준수하다'의 뜻이며, '복 있는 사람'이란 '하나님의 말씀을 계속적으로 준수
      하는 것을 임무로 아는 사람'을 뜻한다.

6. 아래의 성경이 주는 교훈을 살펴보자.

(1) 에베소서 5:18

    『술 취하지 말라 이는 방탕한 것이니 오직 성령으로 충만함을 받으라』

    * 성도들은 하나님의 영인 성령의 충만함을 받지 못하면 악한 영에게 어려움을 당하게 된다.

(2) 요한계시록 3:16

    『네가 이같이 미지근하여 뜨겁지도 아니하고 차지도 아니하니 내 입에서
      너를 토하여 버리리라』

    * 라오디게아 교회의 영적 상태를 말한다.
    * 라오디게아의 물은 히에라볼리로부터 끌어온 온천수와 골로새로부터 수로를 통해 가져온
      찬물을 공급받는 과정에서 미지근하게 된다. 그래서 식수로 사용하기에는 부적합하여 마시
      는 자마다 토해버렸다.
    * 미지근한 물을 토해버리듯이 미지근한 영적 상태에 있는 라오디게아 교인들을 향해 강하게
      책망하시는 말씀이다.

>> 지금 미지근한 신앙생활을 하고 있다면 그 이유가 무엇이라고 생각하는가?

7. 말씀을 통해 깨달은 당신의 영적인 상태는 어떤가? 앞으로 어떤 삶을 살기로 결단하는가?

● 과   제

성구암송 – 에베소서 5:18

『술 취하지 말라 이는 방탕한 것이니 오직 성령으로 충만함을 받으라』

큐   티 – 요한계시록 3:14-22

어리석은 부자 비유

|어떤 부자의 말로|

물질주의적 가치관이 이 세상에 가득하다. 많은 물질을 소유하기 위한 노력은 갈수록 심해지고 있다. 물질이냐 영혼이냐, 세속주의냐 하나님 중심주의냐 하는 이 근본적인 가치 선택의 문제는 예나 지금이나 가장 큰 논제임이 분명하다. 예수님께서 말씀하신 어리석은 부자 비유를 통해 자신의 모습을 살펴보고 삶의 목적을 발견하도록 하자.

누가복음 12:13-21

『[13] 무리 중에 한 사람이 이르되 선생님 내 형을 명하여 유산을 나와 나누게 하소서 하니 [14] 이르시되 이 사람아 누가 나를 너희의 재판장이나 물건 나누는 자로 세웠느냐 하시고 [15] 그들에게 이르시되 삼가 모든 탐심을 물리치라 사람의 생명이 그 소유의 넉넉한 데 있지 아니하니라 하시고 [16] 또 비유로 그들에게 말하여 이르시되 한 부자가 그 밭에 소출이 풍성하매 [17] 심중에 생각하여 이르되 내가 곡식 쌓아 둘 곳이 없으니 어찌할까 하고 [18] 또 이르되 내가 이렇게 하리라 내 곳간을 헐고 더 크게 짓고 내 모든 곡식과 물건을 거기 쌓아 두리라 [19] 또 내가 내 영혼에게 이르되 영혼아 여러 해 쓸 물건을 많이 쌓아 두었으니 평안히 쉬고 먹고 마시고 즐거워하자 하리라 하되 [20] 하나님은 이르시되 어리석은 자여 오늘 밤에 네 영혼을 도로 찾으리니 그러면 네 준비한 것이 누구의 것이 되겠느냐 하셨으니 [21] 자기를 위하여 재물을 쌓아 두고 하나님께 대하여 부요하지 못한 자가 이와 같으니라』

1. 본문의 내용을 자신의 말로 정리해 보라.

_____

_____

_____

_____

_____

_____

2. 유산 때문에 찾아온 사람은 예수님께 어떤 문제를 해결받기 원했는가?(13절)

 * 정당한 몫의 유산을 받지 못한 것을 해결받기 원했다.
 * 유대법에 따라 정당한 유산을 받지 못하면 랍비에게 소송을 제기할 수 있었다.

3. 이 사람이 가지고 있는 문제점은 무엇이라고 생각하는가?

 * 예수님을 통해 자신의 욕심이나 채워보려는 탐심을 가지고 있었다.
 * 많은 물질이 행복한 미래를 보장해 줄 것으로 생각했다.

* 예수님을 율법 선생 정도로 생각하고 있었다.

>> 예수님이 누구신지 모르면 예수님의 뜻보다 자신의 문제만을 해결해 주는 분 정도로 생
  각하게 된다. 자신의 상태를 말해 보라.

4. 예수님께서 이 사람의 요구를 거절하신 이유가 무엇이라고 생각하나?

* 예수님이 윤리적이고 사회적인 문제에 대해 관심이 없는 것이 아니라, 이 사람의 문제는 탐
  욕의 문제였기에 그의 몫을 받는다 해도 근본적인 문제의 해결책이 아님을 아셨다.
* 예수님은 이 사람이 영혼의 문제에 관심을 가지길 원하셨다.

5. 풍성한 소출에 대해 부자가 계획한 것 두 가지는 무엇이었나?

(1) 첫 번째 계획 (18절)

* 곳간을 헐고 더 크게 짓는 것이다. 사업을 확장하겠다는 것이다.

(2) 두 번째 계획 (19절)

* 평안히 쉬고 먹고 마시고 즐기는 것이다.
* 두 가지 모두 재물을 위한 계획이었다.

6. 부자가 전혀 무관심한 것은 무엇인가?(20절)

* 영혼의 문제였다. 재물이 영혼 문제까지 해결해 줄 것이라는 착각에 빠져 있었다.
* 부자는 재물이 모든 문제를 해결할 수 있다는 자신감으로 다른 것들은 다 시시하게 보았다.
* 생명과 재물의 주인이신 하나님께서 한순간 다 가지고 가실 수 있음을 깨닫지 못했다.
* 재물을 평생 하나님처럼 여겼기에 하나님에 대해 무관심하게 살았던 것이다(눅16:13).

『집 하인이 두 주인을 섬길 수 없나니 혹 이를 미워하고 저를 사랑하거나 혹 이를 중히 여기고 저를 경히 여길 것임이니라 너희는 하나님과 재물을 겸하여 섬길 수 없느니라』(눅 16:13)

〉〉 재물이 하나님과의 관계를 가로막고 있지는 않은지 자신의 문제를 살펴보자.

7. 아래 성경을 보며 느낀 점을 말해 보라.

(1) 시편 62:10

『포악을 의지하지 말며 탈취한 것으로 허망하여지지 말며 재물이 늘어도 거기에 마음을 두지 말지어다』

* 재물이 마음을 빼앗아 가기에 마음을 늘 지켜야 한다.
* 재물을 바라보고 의지하는 자는 그 결과가 허무할 수밖에 없다(잠 23:5).

『네가 어찌 허무한 것에 주목하겠느냐 정녕히 재물은 스스로 날개를 내어 하늘을 나는 독수리처럼 날아가리라』(잠 23:5)

(2) 빌립보서 4:19

『나의 하나님이 그리스도 예수 안에서 영광 가운데 그 풍성한 대로 너희 모든 쓸 것을 채우시리라』

* 재물의 공급자가 하나님이심을 기억해야 한다.
* 재물 때문에 하나님을 잊어버리고 그분의 뜻을 무시하는 것은 참으로 어리석은 짓이다.

8. 하나님은 부자를 어리석은 자라고 평가하시고 무슨 말씀을 하셨나?(20절)

* 자신의 미래에 대해 용의주도한 계획을 가진 부자에게 하나님은 '어리석은 자'라고 하셨다. '어리석은 자'의 원어는 '정신없는 자', '무분별한 자'라는 뜻이다.
* "오늘 밤에 네 영혼을 도로 찾으리니" 라고 하셨다.
* 부자는 '여러 해'를 계획했으나 하나님은 '오늘 밤'에 그의 영혼을 가져가시므로 그의 계획이 완전히 수포로 돌아감을 알려 주셨다.
* 재물은 생명을 단 하룻밤도 지속시킬 수 있는 힘이 없음을 보여준다.

〉〉 재물보다 귀한 생명의 권한을 가지신 하나님께 어떤 자세를 가져야 할까?

〉〉 재물을 주신 하나님의 뜻대로 사용해야 재물로 인해 칭찬을 받을 수 있다. 어떻게 사용해야 할까?(마 6:20, 요일 3:17)

『오직 너희를 위하여 보물을 하늘에 쌓아 두라 거기는 좀이나 동록이 해하지 못하며 도둑이 구멍을 뚫지도 못하고 도둑질도 못하느니라』(마 6:20)

『누가 이 세상의 재물을 가지고 형제의 궁핍함을 보고도 도와 줄 마음을 닫으면 하나님의 사랑이 어찌 그 속에 거하겠느냐』(요일 3:17)

9. 오늘 말씀을 통해 느낀 점을 말하고 결단한 것을 가지고 함께 기도하는 시간을 가지자.

● **과   제**

성구암송 - 빌립보서 4:19

『나의 하나님이 그리스도 예수 안에서 영광 가운데 그 풍성한 대로 너희 모든 쓸 것을 채우시리라』

큐   티 - 마태복음 25:31-46

큰 잔치 비유
|하나님의 초청|

전통적으로 유대인들의 잔치에는 이방인들이나 죄인들은 참석할 수 없고 오직 유대인들만 참석할 수 있다고 믿는 사상을 가지고 있었다. 그들은 하나님께 충실하다고 생각하고 있었지만 예수님을 통한 하나님의 초청에 대해서는 너무나 가볍게 여겼다. 본문은 하나님의 초청의 중요성을 깨닫게 해준다. 말씀이 주는 교훈을 살펴보자.

누가복음 14:15-24

『[15] 함께 먹는 사람 중의 하나가 이 말을 듣고 이르되 무릇 하나님의 나라에서 떡을 먹는 자는 복되도다 하니 [16] 이르시되 어떤 사람이 큰 잔치를 베풀고 많은 사람을 청하였더니 [17] 잔치할 시각에 그 청하였던 자들에게 종을 보내어 이르되 오소서 모든 것이 준비되었나이다 하매 [18] 다 일치하게 사양하여 한 사람은 이르되 나는 밭을 샀으매 아무래도 나가 보아야 하겠으니 청컨대 나를 양해하도록 하라 하고 [19] 또 한 사람은 이르되 나는 소 다섯 겨리를 샀으매 시험하러 가니 청컨대 나를 양해하도록 하라 하고 [20] 또 한 사람은 이르되 나는 장가 들었으니 그러므로 가지 못하겠노라 하는지라 [21] 종이 돌아와 주인에게 그대로 고하니 이에 집 주인이 노하여 그 종에게 이르되 빨리 시내의 거리와 골목으로 나가서 가난한 자들과 몸 불편한 자들과 맹인들과 저는 자들을 데려오라 하니라 [22] 종이 이르되 주인이여 명하신 대로 하였으되 아직도 자리가 있나이다 [23] 주인이 종에게 이르되 길과 산울타리 가로 나가서 사람을 강권하여 데려다가 내 집을 채우라 [24] 내가 너희에게 말하노니 전에 청하였던 그 사람들은 하나도 내 잔치를 맛보지 못하리라 하였다 하시니라』

1. 본문의 내용을 쉽게 요약해 보라.

_____

_____

_____

_____

_____

_____

_____

2. 유대인의 풍습에 의하면 잔치를 여는 사람은 사전에 날짜를 정한 다음에 종을 보내어 초청된 사람들에게 참석 여부를 물은 후에 그 수효에 맞추어 잔치를 준비한다. 16절에서 많은 사람은 무엇을 암시할까?

 * 천국 잔치에 많은 사람을 초청하고 싶은 하나님의 마음을 알 수 있다.

3. 잔치할 시간에 다시 종들을 보내고 있다. 이 내용을 통해 무엇을 알 수 있나?(17절)

* 초청을 수락한 사람에게 준비가 다 되었음을 알리는 것은 당시의 관례였다.
* 이때 불가피한 사유가 아니면 잔치에 불참하는 것은 큰 결례였다.
* 아랍인들에게 있어 두 번째 초청을 거부하는 것은 선전포고로 간주되기까지 하였다.
* 이는 얼마나 중요한 잔치인가를 알게 해준다.

>> 하나님이 준비하신 잔치에 당신을 초청해 주셨다는 사실에 대해 어떤 느낌을 받는가?

4. 초청받은 자들의 반응은 어떠했나?(18절)

* '다 일치하게 사양하였다'는 것은 놀랍게도 모두 잔치에 참석할 수 없다고 했다는 것이다.
* 잔치 초청을 얼마나 가볍게 여기고 있는지 알 수 있다.

>> 당신은 처음 하나님의 초청에 어떻게 반응했나?

5. 18-20절에서 초청 잔치를 사양한 이유를 통해 어떤 느낌을 받는가?

* 첫 번째 사람이 초청에 응할 수 없는 이유는 밭을 샀기 때문이다.
* 밭을 이미 샀기 때문에 밭에 가보는 일은 거절하기 위한 핑계라고 할 수 있다.
* 두 번째 사람은 새로 산 소를 시험해야 하기에 초청을 거절했다. 다섯 겨리는 다섯 쌍을 뜻한다. 이 정도의 소를 살 정도면 상당히 부유한 자임을 알 수 있다.
* 여기서 '시험하다'는 '테스트해 보다' 또는 '검사해 보다'의 뜻이다. 소를 시험하는 일이 이미 약속된 잔치에 참여하는 일보다 급한 일은 아니었을 것이다.
* 세 번째 사람은 신혼을 핑계로 정중한 초청을 일언지하에 거절하고 있다.

>> 당신은 어떤 핑계로 하나님의 초청을 거부했는가?

6. 잔치 초청을 거절하자 주인은 노하고 있다. 노하는 이유가 무엇이라
　　고 생각하나?(21절)

　*보고를 받은 주인이 노하는 것은 반드시 참석해야 하는 중요한 잔치이기 때문이다.

　*하나님의 은혜로운 초대를 거부하는 자들에게 닥칠 비극 때문에 노하고 있는 것이다.

7. 주인은 초청해야 될 사람을 시내의 거리와 골목으로 나가서 데려오라
　　고 한다. 어떤 사람인지 살펴보자.

　*가난한 자들, 몸 불편한 자들, 맹인들과 저는 자들을 데려오라 하셨다.

　*초청받은 자들이 거절할 때 다른 사람에게 구원 초청의 기회가 돌아간다. 이는 선민이라고
　　자랑하는 유대인이 초청을 거절하자 이방인을 구원하시는 하나님의 모습을 보여주고 있다.
　　구원에는 차별이 없다 (롬 1:16).

　　『내가 복음을 부끄러워하지 아니하노니 이 복음은 모든 믿는 자에게 구
　　원을 주시는 하나님의 능력이 됨이라 먼저는 유대인에게요 그리고 헬라
　　인에게로다』(롬 1:16)

　*시내의 거리와 골목은 다양한 사람들이 다니는 길이다. 여기서 골목은 사회적으로 소외된 사
　　람들이 은밀히 다니는 길을 암시한다.

8. 21절에 언급되고 있는 사람들은 가난한 자들, 장애와 병으로 인해 소
　　외된 삶을 사는 자들이었다. 주인이 이들을 초청한 것을 통해 깨달을
　　수 있는 진리는 무엇인가?

　*이들은 돈이 없어 밭이나 소를 사지 못하고, 장가도 가지 못하여 어려움을 겪고 살았지만 결
　　과적으로는 이들이 잔치에 참여하게 되었다.

　*천국 잔치에 들어가는 자는 세상 사람들이 생각하는 자격과는 관계가 없다(엡 2:8).

『너희는 그 은혜에 의하여 믿음으로 말미암아 구원을 받았으니 이것은 너희에게서 난 것이 아니요 하나님의 선물이라』 (엡 2:8)

〉〉 당신은 초청장을 보내주신 하나님의 초청에 어떻게 감사를 표현하고 있는가?(시 105:1-2)

『[1] 여호와께 감사하고 그의 이름을 불러 아뢰며 그가 하는 일을 만민 중에 알게 할지어다 [2] 그에게 노래하며 그를 찬양하며 그의 모든 기이한 일들을 말할지어다』 (시 105:1-2)

9. 23절을 통해 느낀 점을 말해 보라.

* 주인은 아직도 빈자리가 있는 것을 보고 견딜 수가 없었다. 그래서 강권해서라도 데려오라고 명령하고 있다.

〉〉 당신은 교회의 빈자리를 보며 주님의 마음을 느껴 본 적이 있는가?

* '오히려 자리가 있나이다' 라고 말한 것으로 보아 잔치의 규모가 매우 컸음을 알 수 있다.
* 하나님의 나라에는 거할 곳이 많다(요 14:2). 이는 우리가 그 자리들을 채우기 위해 열심히 전도해야 할 이유이기도 하다(딤후 4:2).

『내 아버지 집에 거할 곳이 많도다 그렇지 않으면 너희에게 일렀으리라 내가 너희를 위하여 거처를 예비하러 가노니』 (요 14:2)
『너는 말씀을 전파하라 때를 얻든지 못 얻든지 항상 힘쓰라 범사에 오래 참음과 가르침으로 경책하며 경계하며 권하라』 (딤후 4:2)

〉〉 당신은 한 영혼이라도 더 전도하기 위해 어떤 노력을 하고 있나?

10. 오늘 말씀을 통해 느낀 점과 결단한 것을 내놓고 함께 기도하는 시간
    을 가지자.

● 과 제

성구암송 – 로마서 1:16

『내가 복음을 부끄러워하지 아니하노니 이 복음은 모든 믿는 자에게 구원을 주시는
하나님의 능력이 됨이라 먼저는 유대인에게요 그리고 헬라인에게로다』

큐   티 – 시편 130:5-7

잃은 양 비유
| 한 영혼의 중요성 |

성경은 사람을 하나님을 아는 사람과 하나님을 알지 못하는 사람으로 나눈다. 본문에서는 하나님을 알지 못하고 사는 사람들에 대한 안타까움을 비유를 통해 우리에게 교훈하고 있다. 하나님은 잃어버린 양을 향한 목자의 심정으로 말씀하신다, 우리를 통해서 주변에 잃은 양과 같은 사람들에게 나타나기를 원하신다. 이 시간 말씀을 통해서 한 영혼의 중요성을 공부해 보도록 하자.

누가복음 15:1-7

『[1] 모든 세리와 죄인들이 말씀을 들으러 가까이 나아오니 [2] 바리새인과 서기관들이 수군거려 이르되 이 사람이 죄인을 영접하고 음식을 같이 먹는다 하더라 [3] 예수께서 그들에게 이 비유로 이르시되 [4] 너희 중에 어떤 사람이 양 백 마리가 있는데 그 중의 하나를 잃으면 아흔아홉 마리를 들에 두고 그 잃은 것을 찾아내기까지 찾아다니지 아니하겠느냐 [5] 또 찾아낸즉 즐거워 어깨에 메고 [6] 집에 와서 그 벗과 이웃을 불러 모으고 말하되 나와 함께 즐기자 나의 잃은 양을 찾아내었노라 하리라 [7] 내가 너희에게 이르노니 이와 같이 죄인 한 사람이 회개하면 하늘에서는 회개할 것 없는 의인 아흔아홉으로 말미암아 기뻐하는 것보다 더하리라』

1. 본문을 자신의 말로 정리해 보라.

_____

_____

_____

_____

_____

_____

_____

2. 바리새인과 서기관들이 예수님을 보고 수군거리며 한 말은 무엇인가?(2절)

* 예수님께서 죄인들과 함께 식사한 것에 대해 투덜거렸다.
* 사람에 대한 편견을 가진 바리새인과 서기관들이 볼 때 자기들의 생각에서 벗어난 예수님의 행동을 받아들일 수 없었다.

》》 사람에 대한 편견으로 전도 대상자를 우습게 여긴 적이 있으면 말해 보라.

3. 바리새인들이 예수님을 향해 '이 사람'이란 호칭을 사용하고 있는 것을 통해 알 수 있는 것은?(2절)

  * 예수님을 메시아로 보지 않고 율법 선생 정도로 여겼음을 알 수 있다.

4. 본문의 '잃어버린 양'은 누구를 나타낸다고 볼 수 있는가?

  * 타락한 세상 가운데서 방황하고 있는 죄인들을 의미한다.

5. 잃은 양 하나를 찾기 위해 아흔아홉 마리 양을 그대로 두고 찾을 때까지 다니는 것을 보며 무엇을 느낄 수 있나?(4절)

  * 잃어버린 양 한 마리 때문에 일상적인 활동을 중단하고 있다. 이는 그만큼 양 한 마리를 중요하게 여긴다는 것이다.
  * 양 한 마리를 귀하게 여기는 것은 한 영혼에 대한 예수님의 마음을 보여주는 것이다.

6. 예수님은 우리에게 어떤 마음을 원하시는지 마태복음 9장 13절을 통해 살펴보자.

  『너희는 가서 내가 긍휼을 원하고 제사를 원하지 아니하노라 하신 뜻이 무엇인지 배우라 나는 의인을 부르러 온 것이 아니요 죄인을 부르러 왔노라 하시니라』(마 9:13)

  * 예수님은 제사보다 긍휼히 여기는 마음을 원한다고 하셨다. 긍휼히 여기는 마음이 있어야 한 영혼을 귀하게 여길 수 있기 때문이다.

  〉〉 전도 대상자에게 복음을 전할 때 어떤 마음을 품고 전도하고 있나?

7. 한 영혼을 구원하는 기쁨을 예수님은 어떻게 표현하시는지 5절에서 살펴보자.

(1) "즐거워"

* 즐거움은 단순한 기쁨이 아니라, 너무 기뻐서 노래라도 부르며 덩실덩실 춤을 추고 싶을 정도로 흥분된 상태를 말한다.
* 죄인 하나가 회개하였을 때 하나님의 기뻐하심이 이와 같음을 암시한다.

 〉〉 바닷가의 모래알과 같이 미미한 존재인 우리를 이렇게 깊은 관심과 애정의 대상으로 삼아주신 것에 대해 무엇을 느낄 수 있나?

* 성도를 향한 하나님의 지극하신 사랑을 스바냐는 이렇게 표현하고 있다(습 3:17).

『너의 하나님 여호와가 너의 가운데에 계시니 그는 구원을 베푸실 전능자이시라 그가 너로 말미암아 기쁨을 이기지 못하시며 너를 잠잠히 사랑하시며 너로 말미암아 즐거이 부르며 기뻐하시리라 하리라』(습 3:17)

(2) "어깨에 메고"

* 목자의 말을 듣지 않고 제 길로 간 양이지만 양을 찾은 기쁨으로 동네 사람들에게 자랑이라도 하듯이 당당하게 데리고 돌아오고 있는 모습을 볼 수 있다.
* 한 영혼을 구원하는 기쁨이 얼마나 큰 가를 알 수 있다.

8. 다음 성경을 통해 느낀 점을 말해 보라.

(1) 빌립보서 4:1

『그러므로 나의 사랑하고 사모하는 형제들, 나의 기쁨이요 면류관인 사랑하는 자들아 이와 같이 주 안에 서라』

* 바울은 자신으로 인해 전도된 영혼들이 기쁨이요, 면류관이라고 말한다.

〉〉 내가 전도한 영혼이 진정한 자랑이며 면류관이 된다는 것에 어떤 느낌을 받는가?

(2) 데살로니가전서 2:19

『우리의 소망이나 기쁨이나 자랑의 면류관이 무엇이냐 그가 강림하실 때 우리 주 예수 앞에 너희가 아니냐』

* 초대교회 성도들은 전도되어 믿음 안에서 성장한 영혼들이다. 이들이 기쁨이며 면류관임을 강조하고 있다.

〉〉 전도를 하고 기쁨과 감격을 경험한 것이 있으면 말해 보라.

9. 6절에서 벗과 이웃을 불러 모아서 함께 즐거워하는 것이 시사하는 바는 무엇인가?(7절)

* 죄인 한 사람이 회개하는 것이 하나님 나라 전체에 큰 기쁨이 된다.

10. 오늘 말씀을 통해 결단한 것과 적용할 것을 말해 보라.

● 과 제

성구암송 - 마태복음 9:13

『너희는 가서 내가 긍휼을 원하고 제사를 원하지 아니하노라 하신 뜻이 무엇인지 배우라 나는 의인을 부르러 온 것이 아니요 죄인을 부르러 왔노라 하시니라』

큐 티 - 요한복음 10:1-6

잃은 드라크마 비유
| 자신을 발견하라 |

누가복음 15장에는 세 가지 비유가 있다. 양을 잃은 목자의 비유와 동전을 잃은 여인의 비유, 그리고 방탕한 아들에 대한 비유이다. 이 비유들은 모두 잃어버린 것과 관계가 있고, 모두 찾았다는 공통점이 있다. 그러나 각기 조금씩 다른 점을 발견할 수 있다. 이 시간 잃은 드라크마 비유를 통해서 주시는 교훈을 살펴보자.

누가복음 15:8-10

『[8] 어떤 여자가 열 드라크마가 있는데 하나를 잃으면 등불을 켜고 집을 쓸며 찾아내기까지 부지런히 찾지 아니하겠느냐 [9] 또 찾아낸즉 벗과 이웃을 불러 모으고 말하되 나와 함께 즐기자 잃은 드라크마를 찾아내었노라 하리라 [10] 내가 너희에게 이르노니 이와 같이 죄인 한 사람이 회개하면 하나님의 사자들 앞에 기쁨이 되느니라』

1. 본문을 자신의 말로 쉽게 정리해 보라.

_____

_____

_____

_____

_____

_____

_____

2. 드라크마에 대해 아는 대로 말해 보라.

* 한 드라크마는 한 데나리온과 동일한 가치이다. 오늘날의 일반 노동자 하루 품삯에 해당한다.
* 유대 사회에서는 남자가 여자를 아내로 맞이할 때 결혼 지참금 형식으로 드라크마 열 닢을 줄에 꿰어 주는데, 여인은 그것으로 자신의 머리에 장식을 하곤 했다. 유대 여인들은 잠을 잘 때에도 이를 풀어놓지 않을 만큼 귀하게 여겼다고 한다.
* 열 드라크마는 여인의 지참금이기에 귀중한 재산이며 비상금이 된다.
* 열 드라크마에서 하나라도 빠지면 장신구의 역할을 다할 수 없기에 여인은 부지런히 그것을 찾았을 것이다.

3. 잃어버린 양과 잃은 드라크마 하나는 어떤 차이점이 있는가?

* 양은 스스로의 의도적인 선택으로 잃어버린 바 되었지만, 드라크마는 자기의 의사와 관계없이 잃어버렸다.

4. 등불을 켜고 집 안을 쓸며 부지런히 찾고 있는 여인의 모습에서 무엇을 느낄 수 있나?

  * 등불을 켜고 찾는 모습에서 구원할 죄인을 찾아 헤매는 하나님의 모습을 생각해 볼 수 있다.
  * 반드시 찾고야 말겠다는 대단한 결의를 엿볼 수 있다.

  〉〉 내 주위 사람 중 길 잃은 영혼은 누구이며 찾기 위해서 해야 할 일은 무엇인가?

5. 잃어버려진 채로 있던 드라크마는 여인의 노력으로 결국 원래의 자신의 자리로 돌아갔다. 이것을 통해 무엇을 느낄 수 있나?

  * 드라크마가 여인에게 발견되지 못했다면 자신의 가치를 상실하고 처박혀 있을 수밖에 없었을 것이다.
  * 우리도 하나님께서 우리를 찾아와 주시기까지는 결코 자신의 가치를 발견할 수 없었다.
  * 하나님과 멀리 있을 때는 자신의 가치를 상실한 채 지낼 수밖에 없다. 하나님이 죄인을 찾아 주시는 것은 새로운 기회인 것이다(사1:18).

    『여호와께서 말씀하시되 오라 우리가 서로 변론하자 너희의 죄가 주홍 같을지라도 눈과 같이 희어질 것이요 진홍 같이 붉을지라도 양털 같이 희게 되리라』(사 1:18)

  * 창조주 하나님의 손에 붙잡히지 않으면 인간다운 삶을 살 수가 없다.
  * 오늘도 주님은 잃은 드라크마를 찾고 계신다.

  〉〉 예수님을 믿고 난 이후 발견한 가치는 어떤 것이 있는가?

6. 성경에서는 예수님에 대해 무엇이라고 말씀하고 있나? 요한복음 1장 9-11절을 통해 살펴보자.

『[9] 참 빛 곧 세상에 와서 각 사람에게 비추는 빛이 있었나니 [10] 그가 세상에 계셨으며 세상은 그로 말미암아 지은 바 되었으되 세상이 그를 알지 못하였고 [11] 자기 땅에 오매 자기 백성이 영접하지 아니하였으나』

* 예수님은 빛이시다. 그분이 우리를 향해 다가오셨다. 그리고 그분(빛)이 가까이 왔을 때 내 모습이 얼마나 먼지투성이(죄악)인지 알고 깨닫게 된 것이다.

>> 당신의 삶은 예수 그리스도께 가까이 나아가고 있는가? 그렇다면 그 증거가 무엇인가?

>> 만약 멀어지고 있다면 그 이유가 무엇이라고 생각하나? 예수 그리스도와 멀어져 있다면 죄 가운데 거하고 있는지 점검해야 한다. 근래에 마음에 걸리는 것이 있으면 말해 보라.

7. 다시 찾은 드라크마는 여인의 기쁨이었다. 우리가 하나님의 자녀가 된 것을 하나님께서 기뻐하시고 자랑스럽게 여기실 것이다. 이 점에 대해 당신은 어떤 느낌을 받는가?

* 나 같은 죄인을 불러주신 것만 해도 감사한데 나로 인해 기뻐하신다고 하니 황송할 뿐이다.

8. 벗과 이웃을 불러 모아서 함께 즐기는 모습을 통해 얻을 수 있는 교훈은 무엇인가?(9절)

* 경제적 손익을 계산한다면 벗과 이웃을 초청하여 잔치를 베푸는 것보다 잃은 돈을 찾지 않는 것이 차라리 나을 것이다. 하지만 여인에게 한 드라크마는 돈으로 계산할 수 없을 만큼 귀중한 것이다.

* 이는 한 영혼이 천하보다 귀하다는 사실을 보여주는 것이다(마 16:26).

『사람이 만일 온 천하를 얻고도 제 목숨을 잃으면 무엇이 유익하리요 사람이 무엇을 주고 제 목숨과 바꾸겠느냐』(마16:26)

* 복음을 전하는 것이 얼마나 중요한지를 깨닫게 해주는 말씀이다.

9. 오늘 말씀을 통해 느낀 점을 말해 보라.

● **과 제**

성구암송 - 요한복음 5:39

『너희가 성경에서 영생을 얻는 줄 생각하고 성경을 연구하거니와 이 성경이 곧 내게 대하여 증언하는 것이니라』

큐 티 - 베드로전서 1:8-11

탕자 비유

| 하나님의 사랑 이야기 |

본문은 집 나간 아들을 애타게 기다리는 아버지의 인자하신 사랑의 모습과, 아버지를 떠난 아들의 고통과 절망을 보여주는 한 편의 위대한 드라마이다. 아버지를 떠난 탕자의 여정과 다시 아버지께로 돌아가는 과정, 그리고 아들을 너무나 반갑게 맞이하는 아버지의 모습을 통해 우리에게 주시고자 하는 메시지와 교훈을 배우도록 하자.

누가복음 15:11-24

『[11] 또 이르시되 어떤 사람에게 두 아들이 있는데 [12] 그 둘째가 아버지에게 말하되 아버지여 재산 중에서 내게 돌아올 분깃을 내게 주소서 하는지라 아버지가 그 살림을 각각 나눠 주었더니 [13] 그 후 며칠이 안 되어 둘째 아들이 재물을 다 모아 가지고 먼 나라에 가 거기서 허랑방탕하여 그 재산을 낭비하더니 [14] 다 없앤 후 그 나라에 크게 흉년이 들어 그가 비로소 궁핍한지라 [15] 가서 그 나라 백성 중 한 사람에게 붙여 사니 그가 그를 들로 보내어 돼지를 치게 하였는데 [16] 그가 돼지 먹는 쥐엄 열매로 배를 채우고자 하되 주는 자가 없는지라 [17] 이에 스스로 돌이켜 이르되 내 아버지에게는 양식이 풍족한 품꾼이 얼마나 많은가 나는 여기서 주려 죽는구나 [18] 내가 일어나 아버지께 가서 이르기를 아버지 내가 하늘과 아버지께 죄를 지었사오니 [19] 지금부터는 아버지의 아들이라 일컬음을 감당하지 못하겠나이다 나를 품꾼의 하나로 보소서 하리라 하고 [20] 이에 일어나서 아버지께로 돌아가니라 아직도 거리가 먼데 아버지가 그를 보고 측은히 여겨 달려가 목을 안고 입을 맞추니 [21] 아들이 이르되 아버지 내가 하늘과 아버지께 죄를 지었사오니 지금부터는 아버지의 아들이라 일컬음을 감당하지 못하겠나이다 하나 [22] 아버지는 종들에게 이르되 제일 좋은 옷을 내어다가 입히고 손에 가락지를 끼우고 발에 신을 신기라 [23] 그리고 살진 송아지를 끌어다가 잡으라 우리가 먹고 즐기자 [24] 이 내 아들은 죽었다가 다시 살아났으며 내가 잃었다가 다시 얻었노라 하니 그들이 즐거워하더라』

1. 본문의 내용을 요약해 보라.

----

2. 둘째 아들의 유산 상속 요구는 무례한 요구였다. 재산의 상속은 아버지의 임종을 앞두고 행해지는 것이 일반적 관습이기 때문이다. 아버지는 상속 요구에 어떻게 하고 있나?(12절)

* 아버지는 자식의 무례함에 대해 지적하고 혼내기보다는 아들의 요구를 들어주었다.
* 작은 아들은 자기의 몫을 받았고 큰아들도 자기의 몫을 물려받았다.
* 한평생 모은 재산을 조건 없이 선뜻 줄 수 있는 것은 아버지의 사랑으로만 가능한 일이다.

3. 지금 당신이 누리고 있는 것 가운데 하나님으로부터 공짜로 받은 것이 무엇인가? 생각나는 대로 기록해 보라.

_____

_____

_____

_____

_____

4. 유산을 받은 이후 아들의 모습을 통해 얻을 수 있는 교훈은 무엇인가?(13절)

(1) "먼 나라에 가"

* 가능하면 아버지에게서 멀리 떠나서 자유로운 생활을 하고 싶었다는 것을 알 수 있다.
* 아버지와 상관없는 자기의 계획과 꿈을 펼쳐보려고 했다.

(2) "허랑방탕하여"

〉〉 아버지의 유산을 허랑방탕한 생활로 소비해 버린 것은 아들의 계획이 육적인 쾌락을 향해 있었음을 알 수 있다. 타락과 허비 생활로 자신을 지킬 수 없게 된 이유가 무엇이었을까?

* 아버지를 떠났을 때 온갖 유혹이 기다리고 있었다. 울타리 역할을 해 준 아버지를 떠났기에 스스로 힘으로는 자신을 지킬 수가 없었다.

>> 하나님을 떠나 살았을 때 무엇이 가장 자신을 힘들게 했는가? 각자의 경우를 말해보라.

유대에서는 아버지가 생존해 있을 동안 재산을 물려받았을 경우 상속자는 이를 자신의 임의대로 사용할 수 없었다. 유산으로 장사를 해서 이익금을 남겼다고 해도, 그 이익을 임의대로 사용하지 못하고 아버지에게 돌려야만 했다.

5. 둘째 아들의 먼 나라에서의 삶에 대해 기록해 보라(14-16절).

* 유산을 다 탕진한 후 흉년까지 들어 매우 궁핍하게 되었다. 그 나라 백성 중 한 사람 집에서 돼지를 치며 돼지가 먹는 쥐엄열매로 배를 채우려 했으나 그것마저 주는 자가 없었다.
* 유대인들은 돼지를 불결한 짐승으로 여겨 먹지도 않았고, 돼지를 치는 것조차 꺼려하였다.
* 아버지 간섭에서 벗어나 자유를 누리려 했으나 이국땅에서 종살이하는 신세가 되었다.
* 유대인들은 다른 족속의 종이 되는 것을 가장 큰 수치로 여겼다.

6. 둘째 아들이 고통에서 벗어나게 되는 결정적인 순간을 17절에서 살펴 보자.

* 탕자는 고난을 통해 아버지를 생각하게 되었다.
* 아버지와 함께 있을 때 풍족했고 자유를 누렸던 것을 생각한 것이다.
* 죄로 인한 고통으로 아버지를 생각하게 되고 아버지의 집이 참 행복의 근원이라는 사실을 깨닫게 되었다. 아버지의 집으로 발걸음을 돌리도록 결단하는 계기가 되었다.
* '스스로 돌이켜'는 '자신에게로 돌아왔다'는 의미로 회개를 나타내는 것이다.

>> 당신은 어떤 계기로 하나님께 돌아오게 되었는가?

* 하나님 아버지는 우리를 영원히 주리지 않게 하시는 분임을 알아야 한다(요 4:14).

『내가 주는 물을 마시는 자는 영원히 목마르지 아니하리니 내가 주는 물
은 그 속에서 영생하도록 솟아나는 샘물이 되리라』 (요 4:14)

7. 집으로 돌아오는 아들을 본 아버지의 행동을 통해 느낀 점을 말해
   보라.

(1) '거리가 먼데 아버지가 그를 보고'(20절)

* 아버지는 아들이 돌아오기를 원하며 오래 전부터 기다리고 있었다. 아들이 떠나간 곳을 계속
  해서 주시하고 있었고 아들의 처참한 모습을 보고도 아들임을 알아보았다.
* 탕자의 아버지를 통해 공의보다 앞선 하나님의 사랑의 모습을 보여 주시는 것이다.

(2) '달려가 목을 안고 입을 맞추니'(20절)

* 입맞춤은 아들에 대한 무조건적인 용서를 뜻한다.
* 기쁨을 그대로 드러내는 행위이다. 죄를 자백하고 벌을 받으려고 돌아온 아들에 대한 무조건
  적인 용서의 의미가 담겨 있다.

〉〉 아직도 용서를 구하지 못한 죄가 있으면 하나님께 내놓고 하나님의 용서를 구하라
   (사 55:7).

『악인은 그의 길을, 불의한 자는 그의 생각을 버리고 여호와께로 돌아오
라 그리하면 그가 긍휼히 여기시리라 우리 하나님께로 돌아오라 그가 너
그럽게 용서하시리라』 (사 55:7)

(3) '제일 좋은 옷을 내어다가 입히고 손에 가락지를 끼우고 발에 신을 신기라'(22절)

* 제일 좋은 옷을 입힌 것은 죄에 대한 용서를 의미하며, 아들로서의 모든 권리가 유효함을 공
  포한 것이다.

* 가락지를 끼워준 것은 용서와 함께 적극적인 사랑과 신뢰를 보여줌으로 아들로 인정해 주고 있는 것이다.

* 신을 신긴다는 것은 자유인의 권리가 회복되었음을 뜻한다. 그 당시 종들은 맨발로 다녔다.

>> 예수님을 믿고도 아직도 자신을 비하하거나 자녀로서의 확신을 가지지 못하고 있지는 않은가?

(4) '송아지를 끌어다가 잡으라 우리가 먹고 즐기자'(23절)

* 당시 유대인들은 귀한 손님이 올 경우와 특별한 때에 살진 송아지를 잡아서 손님을 대접하였다.

* 하나님께서 죄인이 회개하고 돌아오는 것을 얼마나 기뻐하시는가를 보여주신다. 아버지는 가장 귀한 손님에게 하듯 최고의 음식인 살진 송아지를 잡으며 너무나 기뻐하고 있다.

>> 회개하고 하나님 아버지의 품으로 돌아올 때 하나님의 기쁨을 생각하며 감사하는 삶을 살아야 할 것이다.

8. 오늘 말씀을 통해 느끼고 결단한 것을 진지하게 말해 보라.

● **과   제**

성구암송 – 이사야 55:7

『너희가 성경에서 영생을 얻는 줄 생각하고 성경을 연구하거니와 이 성경이 곧 내게 대하여 증언하는 것이니라』

큐   티 – 베드로전서 1:8-11

집안의 탕자 비유

| 신앙인의 위기 |

우리는 신앙생활을 하면서 여러 가지 위기를 맞이할 수도 있다. 신앙생활을 먼저 한 자라고 해서 반드시 성숙하다고 말할 수 없다. 탕자의 비유 중 맏아들의 모습을 통해 이런 교훈을 얻을 수 있다. 자신의 할 일을 다 하고 있다고 생각하는 맏아들을 통해 우리에게 주시고자 하는 교훈을 살펴보도록 하자.

누가복음 15:25-32

『[25] 맏아들은 밭에 있다가 돌아와 집에 가까이 왔을 때에 풍악과 춤추는 소리를 듣고 [26] 한 종을 불러 이 무슨 일인가 물은대 [27] 대답하되 당신의 동생이 돌아왔으매 당신의 아버지가 건강한 그를 다시 맞아들이게 됨으로 인하여 살진 송아지를 잡았나이다 하니 [28] 그가 노하여 들어가고자 하지 아니하거늘 아버지가 나와서 권한대 [29] 아버지께 대답하여 이르되 내가 여러 해 아버지를 섬겨 명을 어김이 없거늘 내게는 염소 새끼라도 주어 나와 내 벗으로 즐기게 하신 일이 없더니 [30] 아버지의 살림을 창녀들과 함께 삼켜 버린 이 아들이 돌아오매 이를 위하여 살진 송아지를 잡으셨나이다 [31] 아버지가 이르되 얘 너는 항상 나와 함께 있으니 내 것이 다 네 것이로되 [32] 이 네 동생은 죽었다가 살아났으며 내가 잃었다가 얻었기로 우리가 즐거워하고 기뻐하는 것이 마땅하다 하니라』

1. 본문의 내용을 쉽게 요약하라.

2. 밭에 있다가 집에 돌아온 맏아들은 어떤 반응을 보였나?(28절)

 * 큰 아들은 화가 나서 집으로 들어가려고 하지 않았다. 아버지가 나와서 그를 달랬다.

 * 동생이 돌아온 것에 기뻐해야 함에도 화가 나서 집에 들어가지 않으려고 하자 아버지가 달래고 있다.

3. 아버지께 항변하는 맏아들의 문제점을 29절과 30절을 통해 살펴보자.

(1) 29절

 * 아버지를 섬겼다고 하지만 의무감에서 아버지를 섬겼음을 알 수 있다.

 〉〉 당신의 섬김은 하나님의 자녀 된 기쁨에서 섬기는 것이라고 자신있게 말할 수 있는가?

 * 의무적인 봉사는 보상심리에 얽매이게 한다.

(2) 30절

* 자신은 항상 잘하고 있다고 생각하고 있었다. 아버지가 시킨 일을 한 것으로 스스로를 의롭다고 생각한 것이다.
* 당시 바리새인들이나 율법학자들처럼 자기 의를 내세우며 자만심과 우월감에 사로잡혀 있었다.
* 베풀어 주신 은혜에 대한 감사가 없이 섬기는 자는 대가가 없으면 불평할 수밖에 없다.

〉〉 구원해 주신 은혜에 감사하며 사는 자는 많이 섬기면서도 감사하며 겸손함을 유지할 수 있다. 자신의 경우는 어떤지 말해 보라.

4. 당신은 형제에게 베풀어지는 '송아지 한 마리' 때문에 불평해 본 적은 없는지 아래 물음에 답하라

(1) 자신의 공로를 인정받지 못한 것 때문에 분노한 적이 있으면 솔직히 말해 보라.

(2) 자신이 가진 기득권을 지키기 위해 다른 형제에게 배타적인 모습을 보인 적은 없는가?

5. 당신은 하나님 앞에서 어떤 위치에 있다고 생각하나?(갈 3:29, 4:7)

『너희가 그리스도의 것이면 곧 아브라함의 자손이요 약속대로 유업을 이을 자니라』(갈 3:29)
『그러므로 네가 이후로는 종이 아니요 아들이니 아들이면 하나님으로 말미암아 유업을 받을 자니라』(갈 4:7)

* 맏아들은 자신이 아버지의 유업을 이어받을 상속자임을 망각하고 있었다.
* 작은 욕심 때문에 이미 받은 큰 은혜를 망각하고 살지는 않는지 생각해 보아야 할 것이다.

6. 맏아들이 자기 동생을 향해 '이 아들'이라고 부르고 있다(30절). 이 사실을 통해 무엇을 느낄 수 있나?

* '이 아들'은 원문에 의하면 '당신의 아들'이라는 뜻이다. 그는 동생이라고 부르기를 거절한다. 형제로 보지 않고 있음을 나타낸다.

〉〉 당신이 아직 형제로 받아들이지 못한 사람이 있다면 그 이유가 무엇인가?

7. 맏아들의 모습을 본 아버지는 어떻게 말하고 있나? 31절과 32절의 내용을 통해 살펴보자.

(1) "항상 나와 함께 있으니"
* 맏아들로서의 특권에는 아무런 변화가 없음에도 돌아온 동생을 위해 송아지를 잡아 잔치를 베푼 것만 생각하고 있다. 자신에게 주어진 특권이 얼마나 중요한 지 깨닫지 못하고 있다.

〉〉 이미 받은 자녀의 특권을 누리기보다 세상 것에 더 마음을 빼앗기지는 않는가?

(2) "네 동생은 죽었다가 살아났으며"
* 아버지는 맏아들에게 '네 동생'이라고 확인시켜 주고 있다.
* 형은 동생이 아버지께 돌아오도록 더욱 적극적으로 노력하고 그 돌아온 것에 대해 기뻐해야 함에도 돌아온 것에 대해서는 관심도 없었고 동생을 기쁘게 받아들이지도 않았다.
* 이는 이스라엘이 하나님의 제사장으로서 이방인들을 구원할 책임이 있었으나 이러한 의무와 권리를 망각하고 있었던 점을 일깨워준다.

〉〉 자신의 권리에 관계되는 문제에는 민감하게 반응하고 구원해야 할 사람들에 대해서는 무관심하지 않은지 솔직하게 말해 보자.

8. 우리가 가장 관심을 가져야 할 부분은 무엇인가? 아래 성경을 통해 말해 보라.

(1) 요한복음 13:34-35

『[34] 새 계명을 너희에게 주노니 서로 사랑하라 내가 너희를 사랑한 것 같이 너희도 서로 사랑하라 [35] 너희가 서로 사랑하면 이로써 모든 사람이 너희가 내 제자인 줄 알리라』

* 다른 일을 잘해도 형제를 사랑하지 않으면 예수님의 제자가 될 수 없다.
* 미워하고 있는 자가 있으면 용서하고 사랑하라는 예수님의 명령에 순종해야 할 것이다.

(2) 누가복음 15:32

『이 네 동생은 죽었다가 살아났으며 내가 잃었다가 얻었기로 우리가 즐거워하고 기뻐하는 것이 마땅하다 하니라』

〉〉 내 마음에 들지 않는 자가 주님께 나왔을 때 어떻게 하는 것이 마땅한가?

〉〉 에베소서 4장 32절을 읽고 가장 마음에 와 닿는 내용에 대해 말해 보라.

『서로 친절하게 하며 불쌍히 여기며 서로 용서하기를 하나님이 그리스도 안에서 너희를 용서하심과 같이 하라』

* 예수님께 용서받은 것을 깊이 묵상해 보라.

9. 오늘 공부를 통해 느낀 점과 결단한 것을 말해 보라.

● 과   제

성구암송 – 에베소서 4:32

『서로 친절하게 하며 불쌍히 여기며 서로 용서하기를 하나님이 그리스도 안에서 너희를 용서하심과 같이 하라』

큐   티 – 요한일서 3:11-18

"집 하인이 두 주인을 섬길 수 없나니 혹 이를 미워하고
저를 사랑하거나 혹 이를 중히 여기고 저를 경히 여길 것임이니라
너희는 하나님과 재물을 겸하여 섬길 수 없느니라"

눅 16:13

불의한 청지기 비유

| 하나님과 재물 |

세상 재물은 하늘 보화인 복음과 비교할 수 없는 작은 선물이라고 할수 있다. 그러나 사람들은 재물의 가치를 너무나 과대평가해서 재물이우상이 되는 경우가 적지 않다. 그런데 지극히 작은 것에 불과한 세상재물도 잘 사용하면 유익이 될 수 있다. 예수님은 제자들에게 재물을어떻게 사용해야 할 것인지에 대해 교훈하시기 위해 이 비유를 들어 말씀하고 있다.

누가복음 16:1-13

『[1] 또한 제자들에게 이르시되 어떤 부자에게 청지기가 있는데 그가 주인의 소유를 낭비한다는 말이 그 주인에게 들린지라 [2] 주인이 그를 불러 이르되 내가 네게 대하여 들은 이 말이 어찌 됨이냐 네가 보던 일을셈하라 청지기 직무를 계속하지 못하리라 하니 [3] 청지기가 속으로 이르되 주인이 내 직분을 빼앗으니 내가 무엇을 할까 땅을 파자니 힘이 없고 빌어 먹자니 부끄럽구나 [4] 내가 할 일을 알았도다 이렇게 하면 직분을 빼앗긴 후에 사람들이 나를 자기 집으로 영접하리라 하고 [5] 주인에게 빚진 자를 일일이 불러다가 먼저 온 자에게 이르되 네가 내 주인에게 얼마나 빚졌느냐 [6] 말하되 기름 백 말이니이다 이르되 여기 네 증서를 가지고 빨리 앉아 오십이라 쓰라 하고 [7] 또 다른 이에게 이르되 너는 얼마나 빚졌느냐 이르되 밀 백 석이니이다 이르되 여기 네 증서를 가지고 팔십이라 쓰라 하였는지라 [8] 주인이 이 옳지 않은 청지기가 일을 지혜 있게 하였으므로 칭찬하였으니 이 세대의 아들들이 자기 시대에 있어서는 빛의 아들들보다 더 지혜로움이니라 [9] 내가 너희에게 말하노니 불의의 재물로 친구를 사귀라 그리하면 그 재물이 없어질 때에 그들이 너희를 영주할 처소로 영접하리라 [10] 지극히 작은 것에 충성된 자는 큰 것에도 충성되고 지극히 작은 것에 불의한 자는 큰 것에도 불의하니라 [11] 너희가 만일 불의한 재물에도 충성하지 아니하면 누가 참된 것으로 너희에게 맡기겠느냐 [12] 너희가 만일 남의 것에 충성하지 아니하면 누가 너희의 것을 너희에게 주겠느냐 [13] 집 하인이 두 주인을 섬길 수 없나니 혹 이를 미워하고 저를 사랑하거나 혹 이를 중히 여기고 저를 경히 여길 것임이니라 너희는 하나님과 재물을 겸하여 섬길 수 없느니라』

1. 본문의 내용을 간단하게 요약해 보라.

_____

_____

_____

_____

_____

_____

2. 청지기에 대해 아는 대로 말해 보라. 그리고 청지기는 누구를 가리킨다고 생각하나?

 * 청지기는 재산을 관리하도록 위탁을 받은 고용인을 가리킨다.
 * 여기서 청지기는 모든 제자들 즉, 교회 안에 있는 모든 성도들을 가리킨다고 볼 수 있다.

3. 주인이 청지기에 대해 어떤 말을 들었는가?(1절)

 * 청지기가 재물을 낭비한다는 말을 들었다.
 * 청지기가 과소비, 혹은 부실 경영을 통하여 주인의 재산을 축내었으리라고 짐작할 수 있다.

4. 청지기는 어떤 점을 명심해야 할까? 2절을 통해 살펴보자.

 * 주인이신 하나님의 존재를 가볍게 여길 때 재물을 낭비할 수 있다. 머리로만 하나님을 시인하고 행위로는 부인하지 않도록 해야 한다(딛1:16).

 『그들이 하나님을 시인하나 행위로는 부인하니 가증한 자요 복종하지 아니하는 자요 모든 선한 일을 버리는 자니라』 (딛 1:16)

 * 청지기임을 알고 맡은 일에 대한 결산이 있음을 기억하고 주인의 뜻대로 충성되게 일해야 한다.

5. 청지기가 주인에게서 경고를 받고 어떤 행동을 하고 있는가?(4-7절)

 * 주인의 경고를 듣고 비로소 자신의 미래에 대해 염려하며 빚진 자들을 불러 탕감해 주고 있다.

6. 다음 성경을 통해 청지기의 자세에 대해 살펴보자.

(1) 욥기 1:21

『이르되 내가 모태에서 알몸으로 나왔사온즉 또한 알몸이 그리로 돌아가
올지라 주신 이도 여호와시요 거두신 이도 여호와시오니 여호와의 이름
이 찬송을 받으실지니이다 하고』

* 욥은 자신의 모든 소유가 하나님의 것이기에 하나님께서 주관하실 권리가 있다고 고백했다.
* 어떤 상황에도 청지기로 쓰임 받은 것에 감사하며 하나님을 경배하고 찬양했다.

>> 욥의 모습에서 무엇을 느끼나?

(2) 로마서 11:36

『이는 만물이 주에게서 나오고 주로 말미암고 주에게로 돌아감이라 그에
게 영광이 세세에 있을지어다 아멘』

* 하나님은 만물의 주인으로 시작과 과정 그리고 마지막의 주관자이시다.
* 자신이 모든 것을 주관할 수 있다는 자신감은 어리석은 착각이다.
* 그러므로 모든 영광을 하나님께 돌려 드려야 한다.

(3) 베드로전서 4:10

『각각 은사를 받은 대로 하나님의 여러 가지 은혜를 맡은 선한 청지기 같
이 서로 봉사하라』

* 우리는 건강과 지혜와 재물 등 모든 것이 자신의 것이라고 착각하는 경우가 있다.
* 내가 누리는 모든 것은 이 땅에 사는 동안 하나님께서 잠시 맡겨 주신 것에 불과함을 알아야
한다.
* 그러므로 청지기 의식을 가지고 겸손함을 잃지 말고 봉사하는 자세로 살아야 한다.

7. 청지기의 행동에 대해 주인이 칭찬한 이유가 어디 있다고 생각하는
   가?(8절)

* 주인이 지혜롭다고 칭찬하고 있다. 청지기 행동이 이해되지 않을 수도 있다.
* 청지기가 지금까지와는 다르게 주인의 뜻에 맞게 사용하는 지혜를 칭찬했다.
* 세상 사람들이 사는 모습이 하나님의 자녀가 사는 것보다 더 지혜롭다고 하셨다. 이는 불신
  자들이 세상에서의 삶을 위해 악착같이 준비하는 지혜를 보시며, 하나님의 자녀에게도 이렇
  게 미래를 준비하는 모습을 가지라고 말씀하신 것이다.
* 이런 점에서 불의한 청지기가 어려움을 극복하려는 열심과 지혜에 대해 칭찬한 것으로 볼 수
  있다.

8. "불의의 재물로 친구를 사귀라"(9절)는 말씀이 주는 교훈이 무엇인지
   말해 보라.

* 가진 재물을 가난한 자들에게 나눠주어 그들의 진정한 이웃이요 친구가 되라는 뜻이다.
* 이것이 곧 보물을 하늘에 쌓아 두는 방법이 된다. 예수님께서 가난한 자들과 불우한 자들을
  구제하는 것이 바로 자신에게 한 것이라고 하셨기 때문이다.
* 9절의 말씀은, 재물을 잘 사용하여 가난한 자들에게 도움을 주면 영원한 처소에 들어갈 때 그
  선행을 귀하게 여기신다는 뜻이다(눅 12:33).

  『너희 소유를 팔아 구제하여 낡아지지 아니하는 배낭을 만들라 곧 하늘
  에 둔 바 다함이 없는 보물이니 거기는 도둑도 가까이 하는 일이 없고 좀
  도 먹는 일이 없느니라』 (눅 12:33)

9. 재물을 잘못 이해하면 하나님의 위치까지 올려서 주인처럼 생각할 수
   있다. 13절을 통해 도전받은 내용을 말해 보라.

* 재물은 섬길 대상이 아니라 지혜롭게 사용해야 한다. 섬김의 대상은 오직 하나님 뿐이다.

* 10절에서 재물을 지극히 작은 것으로 표현하고 있다. 세상 재물은 하늘나라의 보화에 비하면 지극히 작은 것임에도 사람들은 재물의 가치를 너무 크게 여기고 신처럼 섬기고 있다.

》》물질을 하나님의 뜻대로 사용하기 위해 고쳐야 할 점이 있으면 말해 보라.

10. 오늘 공부를 통해 느낀 점과 결단한 것을 말하고 주님의 도우심을 구하며 기도하자.

● 과 제

성구암송 – 누가복음 16:13

『집 하인이 두 주인을 섬길 수 없나니 혹 이를 미워하고 저를 사랑하거나 혹 이를 중히 여기고 저를 경히 여길 것임이니라 너희는 하나님과 재물을 겸하여 섬길 수 없느니라』

큐　　티 – 마태복음 25:31-46

부자와 나사로 비유
|천국과 지옥|

철학자 임마누엘 칸트는 다음과 같이 말했다. "천국과 지옥은 있어야 한다. … 이 세상의 부조리와 불공평을 볼 때마다, 잘되어야 할 사람이 잘 못되고 잘못되어야 할 사람이 잘되는 부조리 때문에 천국과 지옥은 반드시 있어야 한다." 그러나 죽음 이후에 대해 확실한 위안을 준 자는 동서고금을 통해 찾아볼 수 없다. 오직 성경만이 죽음 이후에 대해 분명하게 기록하고 있다. 천국과 지옥은 성경이 가르치는 가장 중요한 주제이다. 예수님은 부자와 나사로 비유를 통해 분명히 보여주신다.

누가복음 16:19-31

『[19] 한 부자가 있어 자색 옷과 고운 베옷을 입고 날마다 호화롭게 즐기더라 [20] 그런데 나사로라 이름하는 한 거지가 헌데 투성이로 그의 대문 앞에 버려진 채 [21] 그 부자의 상에서 떨어지는 것으로 배불리려 하매 심지어 개들이 와서 그 헌데를 핥더라 [22] 이에 그 거지가 죽어 천사들에게 받들려 아브라함의 품에 들어가고 부자도 죽어 장사되매 [23] 그가 음부에서 고통중에 눈을 들어 멀리 아브라함과 그의 품에 있는 나사로를 보고 [24] 불러 이르되 아버지 아브라함이여 나를 긍휼히 여기사 나사로를 보내어 그 손가락 끝에 물을 찍어 내 혀를 서늘하게 하소서 내가 이 불꽃 가운데서 괴로워하나이다 [25] 아브라함이 이르되 애 너는 살았을 때에 좋은 것을 받았고 나사로는 고난을 받았으니 이것을 기억하라 이제 그는 여기서 위로를 받고 너는 괴로움을 받느니라 [26] 그뿐 아니라 너희와 우리 사이에 큰 구렁텅이가 놓여 있어 여기서 너희에게 건너가고자 하되 갈 수 없고 거기서 우리에게 건너올 수도 없게 하였느니라 [27] 이르되 그러면 아버지여 구하노니 나사로를 내 아버지의 집에 보내소서 [28] 내 형제 다섯이 있으니 그들에게 증언하게 하여 그들로 이 고통 받는 곳에 오지 않게 하소서 [29] 아브라함이 이르되 그들에게 모세와 선지자들이 있으니 그들에게 들을지니라 [30] 이르되 그렇지 아니하니이다 아버지 아브라함이여 만일 죽은 자에게서 그들에게 가는 자가 있으면 회개하리이다 [31] 이르되 모세와 선지자들에게 듣지 아니하면 비록 죽은 자 가운데서 살아나는 자가 있을지라도 권함을 받지 아니하리라 하였다 하시니라』

1. 본문을 자신의 말로 정리해 보라.

_____

_____

_____

_____

_____

_____

_____

2. 부자와 나사로는 세상에서 어떤 삶을 살았나?(19-21절)

(1) 부자

* 부자는 왕같이 사치스럽고 호화로운 생활을 했다.
* 자색 옷과 고운 베옷을 입었다. 자색 옷은 당시 왕이나 귀족들만이 입던 매우 비싼 옷이며, 고운 베옷 역시 가장 비싼 옷 중에 하나였다.
* 매일 잔치를 벌여 세상 연락을 즐기는 생활을 했다.

(2) 나사로

* '나사로'라는 이름의 뜻은 '하나님이 도우시는 자'라는 뜻이다.
* 나사로는 몸도 꼼짝할 수 없는 불구자이며 피부병을 앓는 거지였다.
* 거처할 곳이 없어서 부자의 대문 앞에서 기거하였다.
* 유대인들은 일단 그릇에서 바닥에 떨어진 빵조각은 먹지 않았다. 이는 전염병을 염려해서 생긴 습관이다. 나사로는 부자가 배불리 먹고 바닥에 던진 것을 먹었다.
* 누구의 관심도 받지 못했다. 개들만이 나사로에게 관심을 가지고 그의 헌 데를 핥았다.

3. 거지 나사로가 죽어서 간 곳은 어디인가?(22절)

* 아브라함의 품은 낙원을 가리킨다고 보는 견해가 일반적이다. 분명한 것은 아브라함의 품은 천국의 상황과 통한다.
* 사후에 인간의 육체는 무덤에서 부패하나, 영은 천국과 지옥의 중간 상태인 낙원과 음부로 들어간다는 것이 일반적인 견해이다.
* 성도들의 영혼은 낙원에, 불신자들의 영혼은 음부로 간다. 낙원은 이 세상에 비해 기쁨과 즐거움이 넘치는 곳인 반면, 음부는 이 세상과 비교되지 않는 고통의 장소이다.
* 그러나 종국적으로 도래할 완전한 천국과 지옥에 비하면 그림자에 불과할 뿐이다.

4. 부자가 간 음부는 지옥과 통하는 곳이라고 할 수 있다. 부자가 간 음부와 나사로가 간 아브라함의 품을 통해 알 수 있는 것이 무엇인가? 아래의 단어가 주는 의미를 말해 보자.

(1) "고통 중에 눈을 들어"(23절)

* 육체적인 죽음 이후에도 의식이 있음을 알게 한다.

(2) "나사로를 보고"(23절)

* 부자가 아브라함 품에 있는 나사로를 보고 있다. 지옥에서 천국을 보는 부자의 마음은 어떠
  했을까? 심한 고통과 세상에서 잘못 산 후회로 통곡할 수밖에 없었을 것이다. 결국 지옥은 영
  원한 후회의 장소이다.

(3) "내가 이 불꽃 가운데서 괴로워하나이다"(24절)

* 물 한 방울도 공급받을 수 없는 고통의 장소이다.

5. 세상에서의 부자의 삶이 죽음 이후를 결정했다. 결국 이 세상은 죽음
   이후를 준비하는 기회인 것이다(25절). 본문을 통해 느낀 점을 말해
   보라.

* 이 세상에서 구원의 기회를 놓치면 영원히 기회를 놓치는 것이다(고후 6:2).

  『이르시되 내가 은혜 베풀 때에 너에게 듣고 구원의 날에 너를 도왔다 하
  셨으니 보라 지금은 은혜 받을 만한 때요 보라 지금은 구원의 날이로다』
  (고후 6:2)

* 지금이 구원의 기회이다. 요한계시록 3장 20절을 다 같이 <u>보도록</u> 하자.

  『볼지어다 내가 문 밖에 서서 두드리노니 누구든지 내 음성을 듣고 문을
  열면 내가 그에게로 들어가 그와 더불어 먹고 그는 나와 더불어 먹으리
  라』(계 3:20)

6. 26절을 통해서 어떤 사실을 알 수 있는가?

 * 죽은 후에 천국과 지옥은 서로 왕래할 수 없다.
 * 죽은 사람을 위해 기도한다고 해서 그가 천국 갈 수는 없다.

7. 음부에 간 부자의 소원과 그 결과에 대해 기록하라.

 (1) 첫 번째 소원(24절)
 * 물 한 방울의 자비를 구했지만 단번에 거절당했다(26절).
 * 음부에 간 자의 기도는 응답되지 않는다.

 (2) 두 번째 소원(27-28절)
 * 세상에 살고 있는 다섯 형제에게 나사로를 보내 복음을 전해 달라고 하소연하고 있다.
 * 믿지 않고 음부에 간 사람의 소원은 살아있는 형제들의 구원 문제임을 알 수 있다.
 * 음부의 고통이 얼마나 심각하면 형제들을 지옥에 오지 않도록 복음을 전해 달라고 애걸하겠
   는가?
 * 음부에 간 부자는 비로소 영혼이 얼마나 중요한 지 깨달은 것이다.

 〉〉 **가까운 이웃이나 가족, 친구 중에 전도대상자가 있는가? 그들을 위해 무엇을 하겠는가?**

8. 전도에 대한 부자의 잘못된 생각은 무엇인가?(31절)

 * 하나님의 말씀을 듣고 믿지 않는 자는 죽은 자가 살아서 죽음 이후의 실상을 전한다고 해
   서 믿음을 가지는 것은 아니다.
 * 초자연적인 현상이 일어나면 불신자들도 믿음을 갖게 될 것이라는 생각은 잘못된 생각이다.
 * 믿음은 하나님 말씀을 듣는 자에게 주어지기 때문이다(롬 10:17).

『그러므로 믿음은 들음에서 나며 들음은 그리스도의 말씀으로 말미암았
느니라』(롬 10:17).

9. 새롭게 깨달은 것과 결단한 것은 무엇인가?

● **과 제**

성구암송 – 로마서 10:17

『그러므로 믿음은 들음에서 나며 들음은 그리스도의 말씀으로 말미암았느니라』

큐   티 – 고린도전서 15:51-58

불의한 재판관 비유
|낙망치 않는 기도|

악하고 음란한 말세의 때를 살아가는 성도들은 끝까지 믿음의 선한 싸움을 싸워야 한다. 그 싸움에서 기도라는 무기가 아니고는 이길 수 없다. 이 세상에서 성공하는 사람들을 보면 그 분야에 미친 사람들이다. 그렇다면 하나님의 자녀들은 기도에 미쳐야 한다. 응답받을 때까지 기도하는 사람이라야 하나님의 마음을 움직일 수 있다.

누가복음 18:1-8
『[1] 예수께서 그들에게 항상 기도하고 낙심하지 말아야 할 것을 비유로 말씀하여 [2] 이르시되 어떤 도시에 하나님을 두려워하지 않고 사람을 무시하는 한 재판장이 있는데 [3] 그 도시에 한 과부가 있어 자주 그에게 가서 내 원수에 대한 나의 원한을 풀어 주소서 하되 [4] 그가 얼마 동안 듣지 아니하다가 후에 속으로 생각하되 내가 하나님을 두려워하지 않고 사람을 무시하나 [5] 이 과부가 나를 번거롭게 하니 내가 그 원한을 풀어 주리라 그렇지 않으면 늘 와서 나를 괴롭게 하리라 하였느니라 [6] 주께서 또 이르시되 불의한 재판장이 말한 것을 들으라 [7] 하물며 하나님께서 그 밤낮 부르짖는 택하신 자들의 원한을 풀어 주지 아니하시겠느냐 그들에게 오래 참으시겠느냐 [8] 내가 너희에게 이르노니 속히 그 원한을 풀어 주시리라 그러나 인자가 올 때에 세상에서 믿음을 보겠느냐 하시니라』

1. 본문의 내용을 간단하게 요약하라.

_____

_____

_____

_____

_____

_____

_____

2. 항상 하는 기도는 어떤 기도인가?(1절)

*매 순간을 주님의 도움과 인도하심에 맡기는 삶을 살라는 뜻이다.

*특별히 시간을 내어서 기도하는 것도 중요하지만 모든 일을 그만두고 기도만 하라는 뜻은 아니다.

3. 기도하면서 낙심하는 이유는 무엇인가?

*하나님의 깊고 오묘한 계획을 이해하지 못하고 조바심내기 때문이다.

*하나님은 기도를 응답하시되 적절한 때에 최상의 것으로 응답하신다는 확신이 없기 때문이다(막 11:24).

『그러므로 내가 너희에게 말하노니 무엇이든지 기도하고 구하는 것은 받은 줄로 믿으라 그리하면 너희에게 그대로 되리라』(막 11:24)

* 기도하고 낙심하는 또 다른 이유는 염려가 마음에 자리잡고 있기 때문이다. 하나님은 아무 것도 염려하지 말라고 하셨다(빌 4:6-7).

『[6] 아무 것도 염려하지 말고 다만 모든 일에 기도와 간구로, 너희 구할 것을 감사함으로 하나님께 아뢰라 [7] 그리하면 모든 지각에 뛰어난 하나님의 평강이 그리스도 예수 안에서 너희 마음과 생각을 지키시리라』(빌 4:6-7)

4. 본문에 나오는 재판관은 어떤 사람인가?(2절)

* 하나님을 두려워하지 않고 사람을 무시하는 재판관이었다.
* 예수님은 이 사람을 불의한 사람이라고 말씀하고 있다(6절). '불의'라는 말은 '경건'과 정반대 되는 의미로 세속적인 사람을 가리킨다.
* 불의한 재판관에게서는 정상적인 재판과 자비를 기대할 수 없다고 보아도 좋을 것이다.

5. 과부의 모습에서 얻을 수 있는 교훈은 무엇인가?(3절)

* 도무지 의지할 곳이 없던 이 과부는 결과에 아랑곳없이 끈질기게 매달려 간청하는 것이 유일한 방법이라고 생각하고 있었다.

>> 하나님께 이런 끈질긴 모습으로 나아가고 있는가? 아니면 미리 속단하고 포기하는가?

* 기도를 응답받지 못하는 이유 중 하나는 포기하기 때문이다.

6. 불의한 재판관과 하나님의 대조되는 점을 보면서 얻은 교훈을 말하라.(4절)

하나님	재판관
의로우심	불의함
사람을 사랑하심	사람을 무시함
기도를 속히 들어주기를 원하심(눅18:8)	억지로 귀찮아서 들어줌(눅 18:4-5)

* 사람을 무시하는 불의한 재판관도 과부의 사정을 들어주는데 하나님께서 기도를 멸시하시겠는가?
* 도무지 들어줄 것 같지 않은 재판관도 들어주는데 신실하신 하나님께서 응답해 주시는 것은 너무나 당연한 일이다. 이 사실을 분명히 믿어야 한다.
* 낙심하지 않고 기도하므로 응답받은 것이 있으면 말해 보라.

7. 기도와 성령과의 관계를 잠시 생각해 보자.(13절)

(1) 요한복음 15:7

『너희가 내 안에 거하고 내 말이 너희 안에 거하면 무엇이든지 원하는 대로 구하라 그리하면 이루리라』

* 올바로 구하기만 하면 꼭 응답해 주신다는 하나님의 약속이다.

(2) 사무엘상 15:29

『이스라엘의 지존자는 거짓이나 변개함이 없으시니 그는 사람이 아니시므로 설고 변개하지 않으심이니이다 하니』

* 새번역 성경을 참고하면 뜻을 좀 더 쉽게 알 수 있다.

(삼상 15:29 새번역)『이스라엘의 영광이신 하나님은 거짓말도 안 하시거니와, 뜻을 바꾸지도 않으십니다. 하나님은 사람이 아니십니다. 그러므

로 하나님은 뜻을 바꾸지 않으십니다.』

＊항상 기도할 때 낙심치 말고 결코 변함이 없으신 하나님의 신실하심을 굳게 믿어야 한다.

(3) 마태복음 7:11

『너희가 악한 자라도 좋은 것으로 자식에게 줄 줄 알거든 하물며 하늘에 계신 너희 아버지께서 구하는 자에게 좋은 것으로 주시지 않겠느냐』

＊하나님이 어떤 분인가를 기억하라. 가장 좋은 것을 주시는 아버지이시다.
＊세상의 아버지도 자식에게 좋은 것으로 주길 원하는데 하물며 하나님이 주시는 것은 얼마나 좋겠는가?

8. 기도할 때 반드시 필요한 자세는 무엇인가?(7절)

＊하나님은 밤낮 부르짖는 기도를 결코 외면하지 않으신다.
＊밤낮 부르짖는 기도를 들으시고 결코 오래 참지 못하시고 가장 좋은 시기에 응답해 주심을 믿어야 한다.
＊인내하는 기도가 필요하다.

9. 오늘 말씀을 통해 느낀 점과 결단한 것을 말해 보라.

● **과   제**

성구암송 – 시편 116:2

『그의 귀를 내게 기울이셨으므로 내가 평생에 기도하리로다』

큐   티 – 마가복음 10:46-52

"우리가 아직 죄인 되었을 때에 그리스도께서 우리를 위하여
죽으심으로 하나님께서 우리에 대한 자기의 사랑을 확증하셨느니라"

롬 5:8

바리새인과 세리의 기도 비유

|자칭 의인의 기도|

기도를 해도 응답이 없다면 참으로 안타까운 일이 아닐 수 없다. 예배에도 잘 출석하고, 헌금도 할 만큼 하고, 모든 행사에도 열심이며, 도덕적으로도 큰 흠이 없어 보이는데 오직 기도 소리만 나오면 도망치는 사람들을 볼 수 있다. 기도의 체험이 없는 것이다. 성도는 기도를 통해 하나님과의 관계에 대한 확신을 가질 수 있다. 기도의 응답을 통해 하나님을 더욱 깊이 알아가기 때문이다. 만약 기도 응답이 없다면 하나님과 무관한 자이든지 아니면 하나님께서 원하시는 기도를 하고 있지 않든지 둘 중에 하나일 것이다.

누가복음 18:9-14

『[9] 또 자기를 의롭다고 믿고 다른 사람을 멸시하는 자들에게 이 비유로 말씀하시되 [10] 두 사람이 기도하러 성전에 올라가니 하나는 바리새인이요 하나는 세리라 [11] 바리새인은 서서 따로 기도하여 이르되 하나님이여 나는 다른 사람들 곧 토색, 불의, 간음을 하는 자들과 같지 아니하고 이 세리와도 같지 아니함을 감사하나이다 [12] 나는 이레에 두 번씩 금식하고 또 소득의 십일조를 드리나이다 하고 [13] 세리는 멀리 서서 감히 눈을 들어 하늘을 쳐다보지도 못하고 다만 가슴을 치며

이르되 하나님이여 불쌍히 여기소서 나는 죄인이로소이다 하였느니라
[14] 내가 너희에게 이르노니 이에 저 바리새인이 아니고 이 사람이 의
롭다 하심을 받고 그의 집으로 내려갔느니라 무릇 자기를 높이는 자는
낮아지고 자기를 낮추는 자는 높아지리라 하시니라』

1. 본문을 자신의 말로 정리해 보라.

_____

_____

_____

_____

_____

_____

2. 이 비유를 들어야 할 대상이 누구인가?(9절)

 * 자칭 의인이라고 생각하는 사람들이다.
 * 당시 대다수 바리새인들은 자신들은 의롭다고 생각하여 종교적으로나 사회적으로 소외받
   았던 약자들을 무시하고 정죄하기를 서슴지 않았다.

3. 당신은 남보다 신앙생활을 잘하고 있다고 생각할 뿐 아니라 자신의
   의를 내세우려고 하는 모습은 없는가? 로마서 3장 24절을 통해 자신
   의 모습을 발견하도록 하자.

『그리스도 예수 안에 있는 속량으로 말미암아 하나님의 은혜로 값없이 의롭다 하심을 얻은 자 되었느니라』(롬 3:24)

* 누구도 스스로 의를 자랑할 수 없는 죄인이다. 그리스도의 은혜를 통해서만 하나님으로부터 의롭다고 인정받을 수 있기 때문이다.

4. 자칭 의인으로 살았던 바울이 예수 그리스도를 만난 후 어떤 고백을 했는가? 고린도전서 15장 10절을 통해 살펴보자.

『그러나 내가 나 된 것은 하나님의 은혜로 된 것이니 내게 주신 그의 은혜가 헛되지 아니하여 내가 모든 사도보다 더 많이 수고하였으나 내가 한 것이 아니요 오직 나와 함께 하신 하나님의 은혜로라』(고전 15:10)

* 바울은 자신의 수고를 자랑하지 않았다. 수고한 그것까지도 하나님의 은혜라고 고백하고 있다. 자신이 한 것이 아무 것도 없다고 고백하고 있는 것이다..
* 오직 하나님의 은혜로 의롭게 된 것을 아는 사람은 겸손하며 타인을 멸시하기보다는 긍휼히 여긴다.

5. 바리새인은 어떤 기도를 하고 있나?(11-12절)

* 자신들은 세리와 죄인과 같지 않음을 감사하고 있다.
* 자신들의 행위가 깨끗하고 완전함을 자랑하고 있다.
* 종교적인 의식을 철저히 지키고 있음을 자랑하고 있다.

6. 바리새인의 기도를 보면 그들이 예수님과는 무관한 자들임을 알 수 있다. 그 이유가 무엇일까?(눅 5:32)

『내가 의인을 부르러 온 것이 아니요 죄인을 불러 회개시키러 왔노라』
(눅 5:32)

* 예수님은 죄인을 부르러 오신 것이지 의인을 부르러 오시지 않았다.

* 자신들의 의를 자랑하는 자들은 예수님과 무관한 자들이다. 예수님의 십자가의 은혜가 필
요함을 알았다면 자신들이 도무지 용서받을 수 없는 죄인임을 깨달았을 것이기 때문이다.

7. 바리새인의 기도를 보면 몇 가지 문제점을 발견할 수 있다. 아래의 문
제점을 보며 자신에게는 이런 모습이 없는지 살펴보자.

(1) 바리새인들은 자신의 진정한 모습을 알지 못하고 있다.

* 그들은 자신들이 하나님 앞에서 얼마나 큰 죄인인지 알지 못하고 있다. 하나님 앞에서 자신
을 자랑할 수 있는 사람이 몇 명이나 될까?(롬 3:10)

『기록된 바 의인은 없나니 하나도 없으며』 (롬 3:10)

* 자신이 죄인임을 발견할 때 비로소 하나님을 찾게 되고 만날 수 있다(사 6:5).

『그 때에 내가 말하되 화로다 나여 망하게 되었도다 나는 입술이 부정한
사람이요 나는 입술이 부정한 백성 중에 거주하면서 만군의 여호와이신
왕을 뵈었음이로다 하였더라』 (사 6:5)

>> 당신은 언제 자신이 죄인임을 깨달았는가?

(2) 기도 가운데 자신을 드러내기를 좋아하고 있다.

>> 자신을 은근히 자랑하는 습관은 없는가? 하나님 앞에서 자신을 자랑할 수 있을 만큼 완전
한 자가 얼마나 될까?

* 바울은 자신이 세상에서 자랑하던 모든 것들을 배설물로 여겼다(빌 3:8).

『또한 모든 것을 해로 여김은 내 주 그리스도 예수를 아는 지식이 가장 고상하기 때문이라 내가 그를 위하여 모든 것을 잃어버리고 배설물로 여김은 그리스도를 얻고』(빌 3:8)

(3) 하나님의 은혜와 사랑, 긍휼의 필요성을 깨닫지 못하고 있다.

* 자신감이 넘치는 사람은 하나님의 은혜와 자비가 필요 없다고 착각할 수 있다.

〉〉 언제 하나님의 은혜와 긍휼하심이 필요한 자임을 알았는가?

* 하나님 앞에서 자신을 자랑한 바리새인은 참으로 교만한 자이다(벧전 5:5).

『젊은 자들아 이와 같이 장로들에게 순종하고 다 서로 겸손으로 허리를 동이라 하나님은 교만한 자를 대적하시되 겸손한 자들에게는 은혜를 주시느니라』(벧전5:5)

8. 세리의 기도 내용 두 가지를 통해 어떤 점을 알 수 있나?(13절)

(1) "불쌍히 여기소서"

* 자신의 모습을 잘 알고 있다. 하나님 앞에서 불쌍히 여김을 받아야 할 존재임을 깨달아야 하나님의 은혜가 임하는 것이다.
* 자신이 죄인임에도 불구하고 하나님께 의지하겠다는 말이다.
* 하나님께서 사랑의 하나님이심을 믿고 있었다.
* 하나님은 용서의 하나님이시다. 이 사실을 세리의 기도를 통해 알 수 있다.

(2) "나는 죄인이로소이다"

* 자신의 문제점을 솔직히 고백하고 있다.
* 하나님은 자신의 모습을 솔직하게 고백하는 자를 받아 주신다.

* 십자가에서 구원받은 강도는 자신의 죄를 인정하고 있음을 유의하자(눅 23:41).

『우리는 우리가 행한 일에 상당한 보응을 받는 것이니 이에 당연하거니
와 이 사람이 행한 것은 옳지 않은 것이 없느니라 하고』(눅 23:41)

9. 죄인을 향한 하나님의 사랑은 어느 정도인지 로마서 5장 8절을 통해
살펴보자.

『우리가 아직 죄인 되었을 때에 그리스도께서 우리를 위하여 죽으심으로
하나님께서 우리에 대한 자기의 사랑을 확증하셨느니라』

* 죄인이기에 하나님의 진노와 심판을 피할 수 없지만 죄인임을 고백한다면 하나님의 크신 사
랑을 입게 될 것이다.

〉〉 죄인인 나를 용서하시고 사랑으로 받아주신 하나님께 감사의 고백을 해 보라.

10. 느낀 점과 결단한 것을 말하고 함께 기도하자.

● 과   제

성구암송 – 로마서 5:8

『우리가 아직 죄인 되었을 때에 그리스도께서 우리를 위하여 죽으심으로 하나님께
서 우리에 대한 자기의 사랑을 확증하셨느니라』

큐   티 – 누가복음 5:1-11